Jürgen H. Schmidt

La Comunicación Intercultural

El desafío de la comunicación entre dos culturas

www.basics-interkultureller-kommunikation.de

Jürgen H. Schmidt

La Comunicación Intercultural

El desafío de la comunicación entre dos culturas

www.basics-interkultureller-kommunikation.de

Información bibliográfica de la Biblioteca Nacional Alemana
La Biblioteca Nacional Alemana registra esta publicación en la
Bibliografía Nacional Alemana; los datos bibliográficos exactos se
encuentra en Internet en la página siguiente: http://dnb.d-nb.de

Bibliografische Information der Deutschen Nationalbibliothek
Die Deutsche Nationalbibliothek verzeichnet diese Publikation in der
Deutschen Nationalbibliografie; detaillierte bibliografische Daten sind
im Internet über http://dnb.d-nb.de abrufbar.

Producción y Editorial / Herstellung und Verlag: BoD – Books on
Demand, Norderstedt (Alemania)

ISBN 978-3-7322-6381-3

Foto de la carátula y ilustraciones en el libro: Jürgen H. Schmidt
Dibujos en las ilustraciones en las páginas 14, 21, 26, 27 y 39: Janina
Schmidt

Contenido

Prefacio de la edición en español

Por René Mansilla

Cuando llegué a Alemania, mi mayor reto sin lugar a dudas, era aprender el idioma. Si quería alcanzar mis metas en el país, debía entender lo que la gente decía y ellos a su vez debían entenderme.
Con el paso del tiempo y las experiencias propias y la de otros, entendí que el idioma es la llave que abre la puerta para ingresar al país y para integrarse a la sociedad.
En el transcurso del tiempo comprendí también, que si bien el dominio del idioma es fundamental, no era suficiente para "comprender" a los alemanes y sentirme plenamente a gusto en la nueva cultura.
Habían tantas cosas que no comprendía del actuar de la gente, y ya no se trataba de entender su idioma sino también el pensamiento de la gente, sus valores y sus tradiciones. En otras palabras, debía aprender a entender su cultura.

Antes de venir a Alemania participé en muchos congresos misioneros en mi país y también en el extranjero, y además, el tema de las culturas foráneas siempre fueron de mi interés, aún así, nunca escuché hablar acerca de la "comunicación intercultural". Fue en el marco de mis estudios teológicos donde comencé a conocer y comprender la importancia de esta materia.
Comprendí que la comunicación intercultural no es sólo hablar un idioma extranjero, es mucho más que esto. Y de esto precisamente trata este libro.

Cuando uno vive en una cultura tan distinta a la propia, es inevitable hacer comparaciones, lo cual puede ser positivo, pero a la vez puede ser perjudicial.
Lo positivo se da cuando esto me lleva a analizar las diferencias entre las culturas (La propia y la extranjera). En mi caso me llevó primeramente a analizar mi propia cultura, la chilena. Nunca antes había meditado al respecto. ¿Por qué pienso así respecto a ciertos valores? En comparación a los alemanes ¿por qué soy así o pienso de esta manera y no como ellos? Así me di cuenta que mi conducta y forma de pensar es común en mi país, "los chilenos somos así".

Tenemos una historia en común que es distinta incluso a la de nuestros países vecinos de habla hispana.[1]

Esto ha sido enriquecedor para mi vida y me ha ayudado también a comprender y analizar mejor la cultura alemana. A medida que más tiempo paso con los alemanes, conozco más acerca de su cultura y puedo -si bien no aceptar todo los aspectos de su cultura- entenderles mejor, el porqué piensan así, o porqué valoran estos aspectos de la vida más que otros.

El problema puede surgir -cosa que he visto en muchas personas extranjeras viviendo en Alemania- cuando al comparar ambas culturas (la propia y la extranjera) se considera como correcta y absoluta la conducta y manera de pensar de la propia cultura. Esto les impulsa a rechazar los aspectos divergentes de la cultura del país anfitrión y querer cambiarlos.[2]

Esto por supuesto, puede ser muy frustrante. Algunos incluso hasta pueden deprimirse y amargarse, actitud que les impide no solo integrarse a la sociedad, ya que por lo general se aislan y se refugian en la comunicación diaria con sus amigos y familiares en sus países de origen (Facebook, teléfono, etc.), sino que hacen de su tiempo de residencia en el país foráneo, un sufrimiento constante, que les puede traer incluso diversos problemas, como pueden ser del tipo familiar (por ejemplo en el matrimonio y más si este es bicultural), laboral (no llevan una buena relación con los colegas debido a las diferencias culturales) e incluso de salud (deprimirse y vivir con un espíritu negativo y amargado).

En mi labor como pastor de dos iglesias hispanas en Alemania, he visto esta realidad a menudo. Por eso cuando conocí a Jürgen Schmidt y me comentó de su disponibilidad de ofrecernos un seminario de comunicación intercultural en nuestras iglesias (seminarios para la rama hispana y alemana en conjunto), lo invitamos enseguida, ya que para nosotros era una necesidad de primera línea, puesto que la mayoría de nuestros matrimonios son

---

[1] Sin duda alguna los países de habla hispana tenemos muchas cosas en común, ya que como fue España quien conquistó nuestros países, no solo nos transmitió su idioma, sino que también muchos aspectos culturales.

[2] Cabe señalar que aquí se trata de aspectos culturales y no de aspectos morales de la cultura.

biculturales (latino-alemán), y además nuestras propias iglesias alemanas tienden a desarrollarse cada vez más en el área internacional.

Adquirir competencia en la comunicación intercultural, no sólo es importante en países con idiomas diferentes, sino que incluso en los que tienen el mismo idioma.

Por ejemplo, recuerdo cuando hace unos años fuimos a España con un equipo de jóvenes hispanos y alemanes a apoyar el trabajo misionero de unos amigos en la región de Andalucía. Una de las primeras "tareas" que tuvimos, antes de ir a la gente, fue sentarnos a escuchar al misionero local acerca de la historia del desarrollo religioso del país. Comenzó desde la época antes de la inquisición, pasando por los tiempos de la reforma protestante, hasta la época republicana y la reciente. Esta historia era desconocida para mí obviamente.

El misionero quería que entendiéramos el porqué de la dureza del corazón español, incluso el miedo de la sociedad frente a la labor misionera evangélica, y para esto debíamos conocer y entender su historia. Personalmente sentí que se abrieron mis ojos y mi manera de ver a las personas cambió, así como mi manera de conversar con ellos acerca del Evangelio. También pude entender de mejor manera la necesidad espiritual del pueblo español y del porqué la labor misionera entre los españoles es tan lenta[3] y entender el motivo por el cual años atrás, se le llamaba a España el cementerio de los misioneros. Comprendí que aunque la necesidad espiritual de las personas era muy grande, la preparación del misionero no bastaba con un buen conocimiento teológico o hablar perfectamente el idioma, había que conocer su historia para poder entender su idiosincrasia, identificarse con ellos y poder llegar a su corazón.[4]

---

[3] Si bien las iglesia españolas han experimentado un gran crecimiento en la última década, no ha sido por el aumento de españoles en las iglesias necesariamente, sino por la llegada y conversión al cristianismo de extranjeros, en especial venidos de países latinoamericanos.

[4] Al menos en los pueblos españoles, donde hay poca presencia extranjera fundamental identificarse con ellos.

En este libro Jürgen trata las implicancias de la comunicación intercultural, qué cosas hay que tener en cuenta al enfrentar una cultura extranjera y sobretodo ayudas prácticas para el desarrollo de esta competencia.

Pienso que este libro viene a contribuir a un vacío que existe acerca de este tema en el mundo hispano hablante.

Si bien Jürgen ha escrito este libro originalmente en alemán y esta es la traducción al español, sus experiencias se han dado en buena parte en nuestro mundo hispano parlante. Además los que le conocemos podemos afirmar que Jürgen tiene un corazón peruano.

Hubiese deseado haber tenido este libro antes de llegar a Alemania, me hubiese ahorrado varios conflictos y malos ratos. Por eso estoy convencido de que será de gran ayuda para todos aquellos que se están preparando para vivir (trabajar o servir) por un tiempo en el extranjero, o también para aquellos que desean trabajar en su propio país con extranjeros (nuestro mundo se vuelve cada vez más global) y por supuesto para las parejas biculturales que enfrentan aún más íntimamente el desafío de la comunicación intercultural.

Por mi parte, sé que será una herramienta para ayudar a nuestros hispanos (latinos y españoles) que llegan por diversas razones a Alemania y se enfrentarán al desafío de vivir en una cultura muy distinta a la propia, pero que quieren integrarse y sacarle el mayor provecho posible a la posibilidad de vivir en otro país.

Prefacio del autor

Este libro trata sobre los principios básicos de la comunicación intercultural. Hasta no hace mucho tiempo, ésta era considerada un tema especial del que se ocupaban solamente profesionales internacionales. Mientras tanto, la comunicación intercultural ocurre en muchos encuentros cotidianos dentro de Alemania (la patria del autor). Durante las décadas pasadas, gente de distintas nacionalidades y culturas llegaron a nuestro país. Vinieron por motivos distintos como el estudio, el trabajo, la huida o la expulsión de su patria, la reagrupación familiar o para casarse, etc. Por otra parte hay muchos niños de padres inmigrantes que nacen y crecen en nuestro país. De esta manera experimentan desde su nacimiento el impacto de dos culturas: tanto de la cultura original de sus padres como de la cultura alemana. El porcentaje de gente con trasfondo migratorio en nuestra sociedad seguirá aumentando, tanto a través de la inmigración, así como por una tasa de natalidad más alta que se da entre los inmigrantes en comparación a los padres alemanes sin trasfondo migratorio. Mientras tanto es normal en Alemania, escuchar en zonas peatonales a personas conversando en idiomas extranjeros – y eso aún en ciudades pequeñas. Si alguien, que vive en una zona rural, y se va a una gran ciudad, tendrá la impresión de escuchar más conversaciones en otros idiomas que en alemán.

A causa del desarrollo social que acabo de describir, en Alemania diariamente hay incontables encuentros entre personas con distintos trasfondos culturales. Eso significa que se da lo que llamamos la "comunicación intercultural". Sucede en tiendas, en el puesto de trabajo, en la escuela, en el club, etc. Según el grado del dominio del idioma del país de la otra persona, uno ni se da cuenta de que personas con distintos trasfondos culturales se están comunicando entre si.

A causa de la globalización, se da a la vez otra tendencia más: Cada vez más alemanes tienen contactos (privados o a causa del trabajo) con el extranjero, sea por viajes de negocio o de vacaciones, sea por emigrar o por ser enviado temporalmente al extranjero, sea por el intercambio estudiantil o el estudio en el extranjero, sea por tener pareja o casarse, etc. En estos casos, uno normalmente está más consciente que ocurre una comunicación intercultural, porque uno mismo está cruzando las fronteras entre países y entrando en otro ambiente cultural.

Es muy probable que la migración y la globalización continuarán en los próximos años. Esto implica, que cada vez es más importante adquirir para el encuentro y el trato con gentes de otras culturas las capacidades necesarias para comunicarse. En este contexto se suele hablar del "desarrollo de competencia intercultural". Es muy importante comprender, que desarrollar competencia intercultural es un proceso que dura toda la vida. El desafío personal para cada uno es, mantener la disposición de aprender y de ser flexible. Además es importante recordarse de vez en cuando, que todos los conocimientos que uno ha adquirido en el transcurso del tiempo, son solamente partes. La vida humana es sumamente compleja. No somos capaces de captar la diversidad individual y cultural en su totalidad. A pesar de eso vamos a encontrar en el transcurso de este proceso de aprendizaje, que durará toda la vida, de vez en cuando piezas, como de un rompecabezas, que cuadran. Con el tiempo, estas piezas formarán un cuadro más grande que tiene sentido.

Permítame hablar brevemente sobre mi vínculo personal con el tema de este libro. Nací en el año 1966 y crecí en una aldea pequeña al borde de la Selva Negra en el sur oeste de Alemania. Durante mi niñez venían muchos extranjeros para trabajar en Alemania. Sin embargo, en nuestra aldea vivían muy pocos de ellos, y fue una excepción tener a niños extranjeros como compañeros en el jardín infantil o en la escuela. Durante mi capacitación profesional y ejercitando mi profesión como agente bancario, ya tenía más trato con gente que venía de países ajenos. Llegué a conocer una gran diversidad: había personas que ya habían vivido por treinta años en Alemania y que todavía no podían comunicarse de una manera entendible; ¡pero también había personas que dominaban el dialecto de nuestra región perfectamente! Otro aspecto interesante fue, que podía observar como agente bancario, la manera como la gente maneja su dinero. Comprendí que no depende de la nacionalidad, si una persona es digna de confianza o no, si es honesta o un estafador, si paga su crédito o no.

Cuando tenía veinte años comencé a hacer muchos viajes al extranjero. Así se ampliaba mi horizonte y mi interés por otros países y culturas. Algunos años más tarde hubo un cambio en mi carrera profesional estudiando teología en un Seminario teológico. Al terminar mi capacitación teológica comencé a estudiar el español. En total pasé diez meses estudiando en academias de idioma, tanto en España como en la sierra del Perú. Después viví y trabajé durante siete años en un centro de capacitación de la Misión Suiza en la Amazonía del Perú. En este centro de la Misión se capacita a indígenas de unos treinta grupos étnicos de la selva peruana en varios oficios: carpintería, mecánica, crianza de animales menores y teología. Yo me dedicaba a la capacitación teológica de pastores indígenas. Mis colegas eran peruanos (de diferentes regiones del país con distintos trasfondos culturales), suizos, alemanes, brasileños y estadounidenses. La comunicación intercultural era mi pan diario – con todos los desafíos que implica: el peligro de "meter la pata" y posibles conflictos por las diferencias culturales. Sin embargo, el tema de la "interculturalidad" no solo tenía un impacto fuerte en la vida de mi esposa y en la mía, sino también en la vida de nuestros tres hijos – y eso de maneras diferentes: Nuestro hijo mayor asistió – siempre por algunos meses – a un jardín infantil español, alemán, peruano y suizo. Él y nuestra hija recibieron una parte de su formación escolar en un colegio suizo para hijos de misioneros en la selva peruana. Nuestro hijo menor nació en el Perú y tiene también la ciudadanía peruana. Pero como regresó a la edad de seis años a Alemania, nunca ha conocido otro sistema escolar; el comenzó su carrera escolar en Alemania. Nuestros hijos pasaron la mayor parte de su niñez en el extranjero, junto con niños peruanos, alemanes y suizos. Mientras que nosotros, como padres, reflexionábamos de vez en cuando muy conscientemente acerca de la convivencia intercultural en la Misión, nuestros hijos crecían de una manera natural en este ambiente. El desafío grande para nuestros hijos fue su regreso a su "patria", que en realidad no fue su patria sino la patria de sus padres. Para ellos significaba adaptarse a la vida de un país ajeno. Como son "niños con una tercera cultura" ("Third-Culture-Kids"), ellos son algo así como "inmigrantes clandestinos"[5]. Por fuera no se nota ninguna diferencia (en su aspecto físico) en comparación con otros niños alemanes; pero por adentro, ellos perciben la vida en Alemania con una perspectiva, que muchas veces es distinta a la forma, como se piensa en la cultura alemana.

Por supuesto, se podría decir mucho más sobre mi trasfondo personal y mi vínculo con el tema. Pero creo que ha sido suficiente para permitirle echar un vistazo a mis propias experiencias con el tema. Mi intención es ayudarles a comprender mejor, tanto lo que voy a decir en este libro, como la perspectiva que tengo al acercarme al tema.

---

[5] David C. Pollock, Ruth E. Van Reken, Georg Pflüger, *Third Culture Kids. Aufwachsen in mehreren Kulturen.* (Marburg an der Lahn: Francke, 2003), pág. 69. Lamentablemente todavía no hay una traducción de este libro al español; originalmente fue publicado en inglés (vea la Bibliografía).

Mi objetivo al escribir este libro es poner *fundamentos* para mejorar la comunicación intercultural, enseñando los principios básicos más importantes. No es mi objetivo tratar el tema de una manera académicamente amplia y completa. Mi trasfondo es la práctica, y por eso también enfoco más la práctica. El grupo de lectores que tengo en mente, son todos aquellos interesados en el tema. Es mi objetivo, entregar a todos, los que enfrentan el desafío de la comunicación intercultural, una introducción al tema y una ayuda de entenderlo mejor. Voy a tratar ciertos aspectos, que pueden ayudarle en el desarrollo de su competencia intercultural (son aspectos que me ayudaron personalmente), y que le dan una perspectiva más amplia a la temática. Usted va a encontrar una serie de preguntas en este libro con el objetivo de ayudarle a reflexionar tanto de su propio trasfondo cultural como de sus experiencias.

Agradezco muchísimo a mi hija Janina; ella dibujó algunas ilustraciones para este libro. También doy muchas gracias a mi esposa Martha y a Elisabeth Flaig; las dos corrigieron el manuscrito original en alemán. Un agradecimiento muy especial le doy a mi amigo chileno René Mansilla. Él no solamente tiene "la culpa" de que me he dedicado más a este tema, además me animó a publicar una versión en español y me apoyó mucho encargándose de las correcciones y escribiendo el prefacio para esta edición en español. ¡Un abrazo fuerte, amigo!
Además estoy agradecido a los muchos que me ayudaron a comprender mejor a otras culturas. Realmente es imposible hacer una lista completa con todos los nombres de los que pertenecen a este círculo de personas. Sin embargo, quiero mencionar por lo menos los nombres de algunos, que me ayudaron a encontrar piezas importantes para el desarrollo de la competencia intercultural: María del Mar Fernández Ruiz (España), Edgar Quispe (Perú), Friedrich "Federico" Dittmer (Alemania), Ezequías Malpartida Sánchez (Perú), Christa Tödter (Alemania), Rafael Ahuanari Arimuya (Perú, grupo étnico Shipibo), Andreas "Andrés" Zollinger (Suiza), Josué Sergio Ríos (Perú, grupo étnico Caquinte), René Mansilla (Chile). ¡Muchas gracias!

Hardt (Alemania), en abril 2014 Jürgen H. Schmidt

1. Introducción: La comunicación dentro y fuera de la cultura propia

En este capítulo introductorio vamos a tratar primeramente el tema de la comunicación de una manera general. ¿Cómo funciona la comunicación? ¿Qué ocurre durante el proceso de comunicación? ¿Qué tiene de especial la comunicación entre personas, que pertenecen a culturas distintas?

La teoría de la comunicación es un campo amplio, extenso y complejo. Hay mucha literatura sobre esta temática. También hay muchos modelos e intentos de acercarse al tema. En este libro vamos a recurrir de vez en cuando a algunos modelos. Un modelo es algo muy práctico y útil; sirve para ilustrar y para hacer comprensible ciertos aspectos del tema. Para una mejor comprensión se hace la presentación gráfica de un modelo en forma simplificada. Hay que tener en cuenta que los modelos son limitados, porque sólo representan algunos aspectos del tema y así corren el peligro de simplificarlo demasiado. Al utilizar modelos, siempre vamos a tener en mente estos límites y peligros.

1.1. El modelo del emisor y del receptor

El siguiente modelo del emisor y del receptor es muy común para ilustrar, lo que ocurre durante el proceso de la comunicación. El modelo utiliza términos de la comunicación por radio.

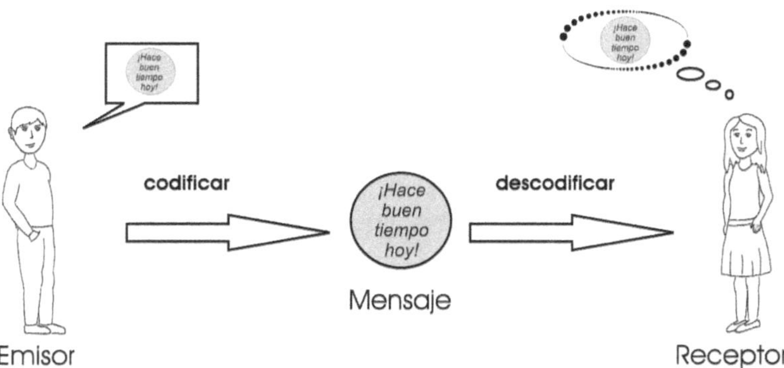

En la ilustración vemos a dos personas que se comunican entre si. ¿Qué sucede en la comunicación?

- ➤ Primero, tenemos dos interlocutores: el que habla y el que oye. Al que habla, se le denomina "emisor". El otro, el que escucha la información, se le denomina "receptor".
- ➤ La información que se transmite se llama "mensaje". *"¡Hace buen tiempo hoy!"*
- ➤ El emisor codifica el mensaje; es decir le da cierta forma (en este caso, se grafica de manera circular). Al codificar el mensaje, el emisor utiliza un código. Este código consiste en las palabras del idioma que se utiliza, pero también en otras señales no verbales como la mímica, los gestos etc.
- ➤ Para poder entender el mensaje, es necesario que el receptor lo descodifique. Para hacerlo tiene que conocer y saber aplicar el código que utiliza el emisor. Solamente en este caso la comunicación entre los dos interlocutores tendrá éxito. El término "comunicación" viene de la palabra latina "communis" (común, universal). Esta palabra expresa muy bien la esencia de la comunicación: para poder comunicarse con otra persona es necesario tener algo en común, necesitamos un código común.

El modelo del emisor y del receptor nos explica de una manera comprimida, que un mensaje es codificado por el emisor y descodificado por el receptor, con la ayuda de un código, durante su camino del emisor al receptor. La pregunta determinante es, ¿ha llegado al receptor exactamente lo que el emisor quería decirle? – Como sabemos todos por nuestra experiencia personal, lamentablemente no siempre es así. Como en el caso de una radioemisora, a veces hay interferencias que causan que el mensaje, o partes del mensaje, no lleguen al receptor o que éste se entienda incorrectamente.

Por supuesto, el modelo del emisor y del receptor presenta el proceso de comunicación muy simplificado. En el caso de un programa de radio o de televisión, en realidad la comunicación va en una sola dirección. En cambio, durante una conversación siempre[6]

---

[6] El experto de comunicación Paul Watzlawick postuló la existencia de cinco reglas básicas ("axiomas"), que explican la comunicación humana. El primero de estos axiomas dice: "es imposible no comunicarse." Aún una persona, que se calla en ciertas situaciones dice mucho... Por eso, siempre hay un diálogo, aunque uno de los interlocutores no diga nada. Una introducción breve en el modelo de los axiomas de Watzlawick se encuentra en Internet: http://es.wikipedia.org/wiki/Paul_Watzlawick

hay un diálogo, es decir, la comunicación es como un circuito cerrado: El receptor del mensaje reacciona y llega a ser el emisor de otro mensaje, el emisor original llega a ser el receptor etc.

Otro aspecto, que falta en la presentación gráfica del modelo, pero que juega un papel importante en el proceso de comunicación, es el contexto. La comunicación nunca sucede en un espacio neutral; siempre sucede dentro de cierto contexto (el ambiente, el marco social). El código que se utiliza depende del contexto. Se ha mencionado ya, que el código no sólo consiste en las palabras de cierto idioma, sino también en otros aspectos como la mímica, los gestos, el tono de voz, el volumen etc. Es decir, la comunicación no se limita a lo que se expresa (explícitamente) pronunciando palabras. También lo que se expresa de una manera no verbal, por ejemplo por medio de una sonrisa[7], forma parte (implícitamente) del proceso de comunicación. Especialmente la parte no verbal del mensaje puede causar malentendidos (y desorientación o frustración), por ejemplo si los gestos del emisor contradicen sus palabras, o si el receptor no reacciona al "mensaje entre líneas", que fue expresado de una manera no verbal, así como lo espera el emisor.

El contexto es también, quien determina el código adecuado para una situación. En el caso de un evento formal (una conversación con el jefe, una cena de negocios, una reunión de los padres en el colegio, una invitación oficial etc.), normalmente se considera adecuado otro código, que en el caso de un evento informal o privado (cenar juntos con amigos o colegas de trabajo, conversaciones dentro de la familia etc.). En un congreso nacional de médicos se utilizará naturalmente toda la terminología médica como código. También se supone que los participantes del congreso tienen conocimientos previos y que no será necesario explicar estos detalles en las conferencias. Alguien de afuera, que no conoce la terminología (el "código") ni el "contexto" médico, no entenderá (casi) nada. Para poder entender las conferencias, (una persona no experta en esta materia), necesitaría explicaciones explícitas del conocimiento previo, del cual el conferencista supone implícitamente que su auditorio lo posee.

---

[7] El cuarto de los axiomas de Watzlawick dice: "La comunicación humana implica dos modalidades: la digital y la analógica." "Digital" significa la comunicación verbal, "analógica" se refiere a la comunicación no verbal.

Entonces, del contexto depende significativamente si se entiende un mensaje y cómo se lo entiende.

Regresemos por un momento a nuestro ejemplo original. Si nos fijamos solamente en las palabras *"¡Hace buen tiempo hoy!"*, entonces suponemos que es literalmente así. Sin embargo, no tiene que ser así. Porque según las condiciones meteorológicas reales también puede ser, que el significado verdadero del mensaje es distinto. Entonces, vamos a suponer que escuchamos las palabras *"¡Hace buen tiempo hoy!"* y a la vez percibimos el contexto: Llueve gatos y perros, y tanto la mímica como el tono de voz de nuestro interlocutor expresan frustración. El contexto lo demuestra: nuestro interlocutor quería decir lo contrario de lo que significan literalmente sus palabras.

En nuestro ejemplo (el gráfico con el modelo del emisor y del receptor), los dos interlocutores se comunican directamente, cara a cara. Por supuesto hay otras formas, como se podría efectuar el proceso de comunicación, especialmente utilizando otros "medios de comunicación": la radio, el teléfono, una carta, un correo electrónico, chateando por Internet, por medio de una tercera persona que transmite el mensaje verbalmente etc. Por supuesto, el uso de medios de comunicación también tiene influencia en el proceso de comunicación. La cantidad de partes no verbales se reduce considerablemente; por ejemplo durante una llamada telefónica se escucha todavía la voz del interlocutor, pero su mímicas y sus gestos quedan oculto. En la comunicación por escrito, todo se reduce a las palabras utilizadas, y en ciertas circunstancias es necesario previamente entregar informaciones básicas para que el mensaje pueda ser entendido correctamente.

1.2. El mensaje y maneras diferentes de interpretación

En el párrafo anterior hemos visto como funciona el proceso de comunicación en general. Ahora vamos a enfocarnos en el mensaje – y las diferentes maneras de cómo el receptor puede interpretar el mensaje.
Friedemann Schulz von Thun, un experto de comunicación, ha estudiado la temática muy intensivamente desde la perspectiva de la psicología de la comunicación. El resultado de sus estudios son

modelos[8] muy buenos, que sirven para descubrir, entender y solucionar obstrucciones en el proceso de la comunicación.

Uno de sus modelos se ocupa del mensaje en si. Schulz von Thun indica que cada mensaje puede tener cuatro lados o aspectos.[9] Se puede ilustrar estos cuatro aspectos con un gráfico, denominado "cuadrado de la comunicación":

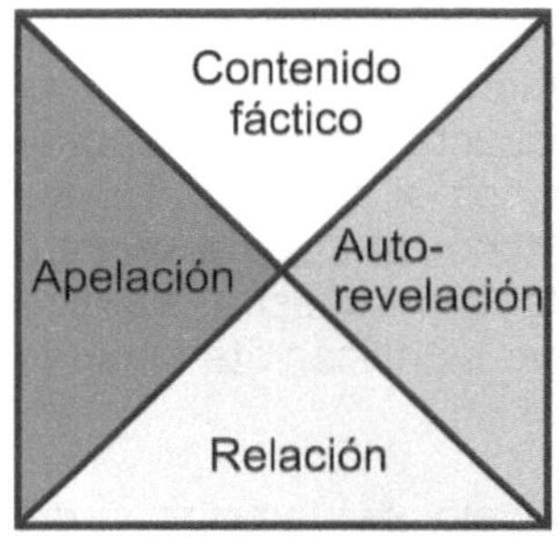

La primera mirada en el cuadrado de la comunicación nos muestra, que un mensaje es algo muy complejo. Un mensaje nunca trata solamente de cosas (hechos), sino que se trata también de relaciones con otros.[10] Para los hombres especialmente, es importante entender esto; porque muchas obstrucciones en el proceso de la comunicación, especialmente los problemas relacionados con la pareja y en el matrimonio, tienen que ver con eso. Mayormente, los hombres tienen una orientación hacia las cosas, las metas, mientras que las mujeres enfatizan mayormente las relaciones. A la vez es un conocimiento importante para todos los que tienen un trasfondo cultural alemán (o para entender a los alemanes ☺). Los alemanes tienen – en comparación con otras culturas – una orientación muy intensa hacia las cosas, los objetivos; es un rasgo cultural que puede causar problemas en la comunicación intercultural.

Vamos a echar una mirada más cercana en los aspectos de un mensaje. Después vamos a ver lo que puede ocurrir cuando el receptor descodifica el mensaje.

1. El contenido fáctico

Este aspecto tiene que ver con la cosa, la información (hechos) que se comunica. En muchos casos cuando se trata de informaciones,

---

[8] Friedeman Schulz von Thun presenta estos modelos en sus libros "Miteinander Reden" Tomo 1 – 3 de una manera amplia utilizando muchos ejemplos e ilustraciones. Una traducción del Tomo 1 fue publicado en español en el año 2012; el título en español es: "El arte de conversar. Psicología de la comunicación verbal." (vea la Bibliografía)

[9] Friedemann Schulz von Thun, *Miteinander Reden 1. Störungen und Klärungen,* (Reinbek: Rowohlt, 1981), pág. 25ss.

[10] El segundo de los axiomas de Watzlawick dice: "Toda comunicación tiene un nivel de contenido y un nivel de relación."

este lado del mensaje predomina: Datos, hechos, precios, informaciones sobre un producto etc.

Vamos a ilustrarlo con el ejemplo siguiente: *"¡Tengo hambre!"* – Si evaluamos este mensaje desde la perspectiva del contenido fáctico, primero la frase contiene una información: El emisor del mensaje tiene hambre.

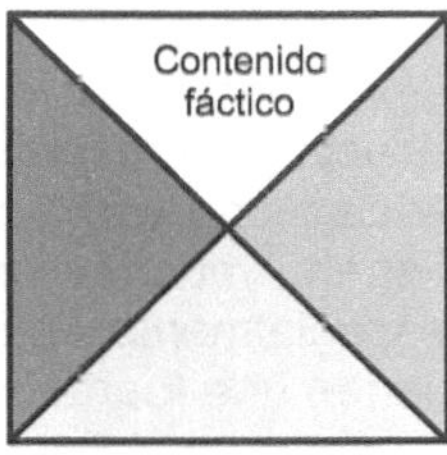

2. Autorevelación

Cualquier declaración que se hace revela también algo sobre la persona (el emisor). Es imposible comunicar algo, sin revelar algo de sí mismo. La autorevelación puede suceder de una manera muy consciente y a propósito, por ejemplo en el caso de una presentación o una entrevista; con el fin de dar una impresión buena y competente (auto-representación). A veces, la autorevelación sucede de una manera inconsciente e involuntaria; aún puede ser vergonzoso para el emisor.

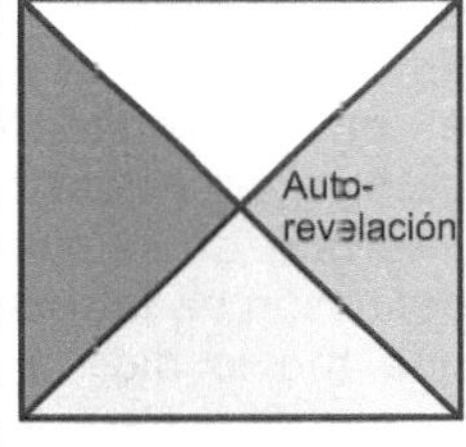

En el caso de nuestro ejemplo *"¡Tengo hambre!"*, la autorevelación sucede muy conscientemente. El emisor no solo comparte "información pura" sobre una cosa; también expresa una necesidad personal.

3. Relación

En la comunicación interpersonal, la relación entre los interlocutores siempre tiene importancia. A veces se trata de un aspecto sensible y delicado del mensaje: la autorevelación revela algo sobre el emisor del mensaje. Pero este aspecto del mensaje, que tiene que ver con la relación, trata de la persona del receptor – ¡y se podría dar el caso en que el receptor no está de acuerdo con lo que dice el emisor! El aspecto del mensaje, que tiene que ver con la relación, expresa dos cosas:

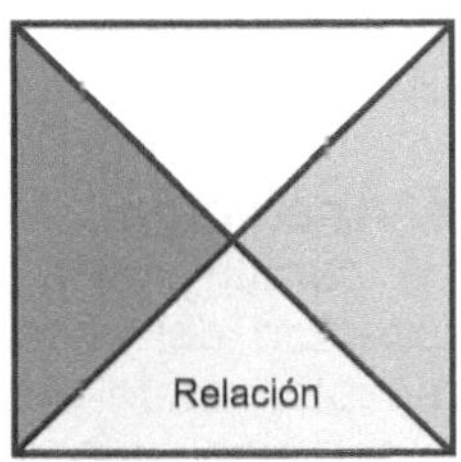

1. Lo que el emisor piensa del receptor (es un mensaje de relación).
2. Cómo están relacionados el emisor y el receptor (es una definición de su relación).

Por un lado, el aspecto de la relación se expresa por medio del lenguaje utilizado. El receptor puede evaluar este lenguaje como algo adecuado, cortés y respetuoso, pero también como algo inadecuado, descortés y con falta de respeto. Por otro lado, el aspecto de la relación se expresa también por medio del tono de voz y otras señales no verbales. Como vamos a ver más adelante, estas cosas tienen mucha relevancia en la comunicación intercultural – especialmente en una conversación entre personas de culturas, que tienen una fuerte orientación hacia las relaciones.[11]

Miremos el aspecto de la relación en nuestro ejemplo *"¡Tengo hambre!"*: en circunstancias normales, el emisor expresa, por medio de la información y la autorevelación de su necesidad, su confianza en la persona del receptor. En el aspecto de la relación se comunica al otro: "¡Tengo la confianza de que tú puedes solucionar mi problema!" Ahora bien, la manera en que el receptor percibe este mensaje de relación, depende de varios factores. Un factor es la definición de la relación, porque el receptor podría preguntarse "¿Por qué me lo dice a mí?" o "¿Soy yo el responsable de que tenga hambre?" – Pero también podría ser algo indudable para el receptor, como en el caso de un niño que envía este mensaje a su madre.

Pero también dependerá del tono de voz, de la mímica y de otras circunstancias, el cómo el receptor percibe el mensaje. Imaginémonos a un hijo que atraviesa la pubertad: el regresa del colegio y llega a casa. Su madre todavía no ha tenido tiempo para cocinar, porque primero tenía que cumplir con otras obligaciones. Él le grita a su madre: *"¡Tengo hambre!"* En este caso, el hijo no expresa su confianza en la competencia de su madre, sino enojo. Y seguramente a la madre no le gustará la conducta irrespetuosa de su hijo...

4. Apelación

La comunicación sirve también para influir al receptor del mensaje. El objetivo es, que el receptor actúe de cierta manera o que deje de hacer algo, que piense de cierta manera o que cambie su actitud, o que tenga ciertos sentimientos. Ese intento de influenciar al otro puede suceder muy abiertamente (p.ej. en una campaña electoral), o muy clandestinamente (manipulación).

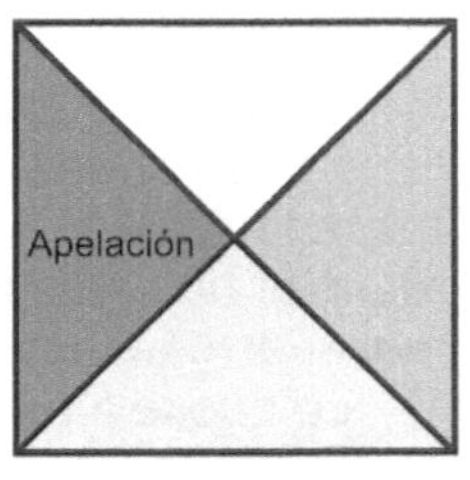

En el caso de nuestro ejemplo *"¡Tengo hambre!"*, la apelación está expresada de una manera abierta y clara. Del tono de voz y de otros

---

[11] Vea el capítulo 3: "Cultura y valores".

factores más dependerá, si el receptor percibe la apelación como una súplica o como una demanda (con las consecuencias respectivas en la relación).

Conclusión: Un mensaje nunca contiene solamente informaciones sobre una cosa (contenido fáctico), sino siempre tiene varios lados. El porcentaje de cada uno de estos cuatro aspectos es diferente en cada mensaje.

El hecho, de que cada mensaje contiene cuatro aspectos, tiene consecuencias; es un desafío – especialmente para el receptor, porque éste enfrenta la tarea de entender (descodificar) correctamente el mensaje recibido. ¿Qué importancia debe dar a cada aspecto del mensaje? ¿A cuál debe prestar una atención especial? Generalmente, el receptor podría elegir libremente, a cual aspecto del mensaje quiere reaccionar y cuál quiere pasar por alto – sea consciente o inconscientemente. Por supuesto, esto puede llevar a obstrucciones en la comunicación, algo que pasa casi inevitablemente, si el receptor responde a un aspecto del mensaje, donde el emisor no quería poner el énfasis. El emisor se siente incomprendido; tiene la impresión que se le imputa un motivo (malo), que no tenía en realidad.
Schulz von Thun indica, que no sólo el mensaje tiene cuatro aspectos, también hay cuatro maneras de escuchar un mensaje.[12]

Cada receptor necesita "cuatro oídos equilibrados", para poder decidir correctamente en cada situación, en cual parte del mensaje el emisor ha puesto el énfasis, y así poder reaccionar de una manera adecuada. Sin embargo, en la realidad es así que algunos oídos

---

[12] Friedemann Schulz von Thun, *Miteinander Reden 1. Störungen und Klärungen*, (Reinbek: Rowohlt, 1981), pág. 44ss.

escuchan muy bien mientras que otros casi no escuchan. Cada uno de estos cuatro oídos se concentra especialmente en un aspecto del mensaje:

Oído	Aspecto del mensaje
"Oído objetivo"	Contenido fáctico
"Oído de autorevelación"	Autorevelación
"Oído de relación"	Relación
"Oído de apelación"	Apelación

Cada oído escucha inmediatamente el aspecto del mensaje, en el que está "especializado"; pero a la vez tiene grandes dificultades de percibir otros aspectos del mensaje. ¡Puede ser trágico incluso, que un oído, que es muy sensible, puede creer haber percibido un mensaje, que en realidad no ha sido enviado! Eso causa malentendidos, si...

... el oído objetivo se precipita sobre el contenido fáctico del mensaje, aunque "la información" juega en este caso solamente un papel subordinado, porque el emisor está enfatizando el lado de la relación, o porque apela clandestinamente.

... el oído de autorevelación "juega a ser psicólogo" e intenta descubrir en el mensaje "los aspectos ocultos de la vida del emisor", sin tomar en cuenta el contenido fáctico, que ha sido la parte principal del mensaje.

... el oído de relación toma una postura sobre el emisor en vez de escuchar el contenido fáctico que ha sido enviado de parte del emisor, que no ha tenido la intención de atacar al receptor, pero éste se siente ofendido de todas maneras.

... el oído de apelación descubre en cualquier manifestación una apelación, aunque eso no ha sido la intención del emisor.

En cuanto a la sensibilidad de los oídos, existen diferencias individuales entre los individuos. La sensibilidad depende de la formación individual de la personalidad. La personalidad de una persona se basa por un lado en la disposición natural (herencia), por otro lado en la conducta aprendida (durante la "socialización" o la "apropiación cultural").

Permítame hacerle una pregunta personal: ¿Cuál de sus oídos es más sensible – y cuál está menos desarrollado? La respuesta personal a esta pregunta puede sensibilizarle en cuanto a sus fortalezas y sus debilidades, incluso los peligros relacionados. Tratar conscientemente con sus debilidades puede iniciar un proceso de aprendizaje, que mejora su competencia comunicativa e intercultural a mediano y largo plazo.

Hemos conocido los cuatro aspectos de un mensaje y también las cuatro diferentes maneras de oír un mensaje. Por supuesto, el emisor debería esforzarse de codificar su mensaje de la forma más comprensible. Sin embargo, al final no tiene influencia en la manera cómo el receptor descodifica el mensaje; es decir, el receptor es responsable de cómo entiende – o quiere entender – el mensaje. Schulz von Thun dice, el mensaje que uno percibe es al final "una <<creación>> del receptor"[13]. En principio, este conocimiento puede desilusionarnos y frustrarnos un poco; pero también puede ser un alivio, si la comunicación no funciona tal como lo desearíamos. Pero, en vista de lo mucho, que teóricamente puede andar mal en el proceso de comunicación, también es fascinante cuánto realmente funciona.

Los modelos de los cuatro aspectos del mensaje y de los cuatro oídos también son útiles, para explicar malentendidos en la comunicación. Generalmente, los malentendidos pueden tener dos causas: [14]

1. Malentendidos pueden ser mensajes, que nunca llegaron a su destino; es decir, son "mensajes perdidos". Eso ocurre por ejemplo, si el emisor incluyó una apelación en su mensaje al codificarla, pero el receptor no percibe esta apelación o la percibe solamente distorsionada.
2. Malentendidos también pueden ser mensajes, que el receptor supone haber recibido del emisor, pero que en realidad no han sido enviados de esta manera; es decir son "mensajes supuestos". Es el caso, por ejemplo si el receptor escucha una apelación al descodificar el mensaje, mientras que el emisor enfatizó el lado del contenido fáctico sin la intención de hacer alguna apelación.

También es posible que estas dos causas suceden a la vez; es decir, un mensaje enviado se pierde, por ejemplo en el aspecto del

---

[13] Friedemann Schulz von Thun, *Miteinander Reden 1. Störungen und Klärungen*, (Reinbek: Rowohlt, 1981), pág. 61.
[14] Helmut Rez, Monika Kraemer, Reiko Kobayashi-Weinsziehr, "Warum Karl und Keizo sich nerven" en: *Interkulturelle Kommunikation: Methoden, Modelle, Beispiele.* (Reinbek: Rowohlt, 2006), pág. 50ss.

contenido fáctico, y el receptor supone haber recibido un mensaje, por ejemplo en el aspecto de la relación.

Para comprender mejor, como ha ocurrido un malentendido, es útil ser consciente, si 1) se ha perdido el mensaje, 2) se ha supuesto un mensaje, 3) quizás han sucedido ambos a la vez.

Usted puede ponerlo en práctica ahora mismo: Intente recordar el último malentendido que experimentó. ¿Qué partes tenía el mensaje del emisor? ¿En qué aspecto del mensaje estaba el énfasis? ¿Qué sucedió con las partes del mensaje – se perdieron partes importantes? ¿Quizás se recibió un mensaje, que no fue enviado intencionalmente? Para comprobar su análisis puede ser de ayuda, consultar al emisor.

Los modelos presentados de las cuatro aspectos de un mensaje y de los cuatro oídos (o cuatro maneras de escuchar un mensaje), también tienen relevancia en la comunicación intercultural. El trasfondo cultural del interlocutor afecta tanto la manera cómo codifica el mensaje, así como el aspecto del mensaje en que se pone el énfasis. El trasfondo cultural influye también en la manera, cómo se escucha el mensaje y a cuál aspecto del mensaje se presta una atención especial.

1.3. El desafío de la comunicación intercultural

En los párrafos anteriores hemos tratado los aspectos más importantes de la teoría de la comunicación; además hemos conocido modelos importantes. Nos enteramos de los desafíos, especialmente cuando se trata de entender correctamente el mensaje enviado. Sin embargo, lo que hemos tratado hasta ahora, sucede dentro del *mismo marco cultural*, que los dos interlocutores están compartiendo. Podemos imaginarnos, que la complejidad aumenta mucho más, cuando personas de *distintas culturas* intentan comunicarse. Todo lo que hemos estudiado hasta aquí, también está vigente en la comunicación intercultural. Pero adicionalmente hay que considerar, que los distintos trasfondos culturales de los interlocutores también tienen relevancia. Hay diferentes variantes del encuentro intercultural:

1. Uno de los interlocutores utiliza su lengua materna, el otro una lengua extranjera.
2. Ambos interlocutores utilizan una lengua extranjera.

3. Ambos interlocutores utilizan su lengua materna, pero tienen distintos trasfondos culturales (por ejemplo un británico y un estadounidense, o un español y un chileno).

En cada uno de estos casos se agrega el factor cultural, aunque no se utiliza ninguna lengua extranjera – como en el tercer caso. Si una lengua extranjera es utilizada, el éxito de la comunicación depende también, de si los interlocutores dominan bien tal lengua. En muchos casos, se percibe rápidamente las dificultades en la comunicación, que se deben a una falta en el dominio de la lengua utilizada. Lo que no se percibe siempre tan rápidamente, es el trasfondo cultural de los interlocutores – aunque este influye la comunicación mucho más fuerte. Cada uno tiene sus propios "lentes culturales"; por medio de estos lentes ve, percibe e interpreta el mundo y lo que sucede en él. Estos "lentes culturales" tienen el efecto de un filtro; por eso vamos a hablar en adelante de "filtros culturales". En los capítulos 2 – 4 vamos a tratar detalladamente, en qué consiste el trasfondo cultural de una persona, y cómo influye en su percepción del mundo.
La metáfora del "filtro" sirve para ilustrar, que la percepción es selectiva o cambiada, por que se está "filtrando" algo. Bueno, se podría eliminar un filtro para lograr que la percepción sea "sin filtro". En el caso del filtro cultural no es posible hacerlo así nomás. Porque este filtro no es algo exterior – como en la ilustración – sino es algo interior, adentro del ser humano; es una parte de él y determina la manera como percibe el mundo. Hofstede habla de una "programación mental".[15] El programa cultural de un ser humano determina su "sistema operativo" y no puede ser cambiado así nomás. Por eso, la comparación con un filtro tiene sus límites.

Nuestro punto de partida es el modelo del emisor y del receptor, que ya hemos conocido. Vamos a complementar este modelo con los filtros culturales. Cada persona, que participa en el proceso de comunicación, tiene un trasfondo cultural que es muy individual. Por eso no es suficiente, agregar solamente un filtro cultural en el gráfico, sino que es necesario agregar dos filtros culturales: uno al lado del emisor y otro al lado del receptor.

---

[15] Geert Hofstede, Gert Jan Hofstede, *Lokales Denken, globales Handeln. Interkulturelle Zusammenarbeit und globales Management.* (München: Deutscher Taschenbuch Verlag, 2011), pág. 3; a continuación se utiliza la referencia siguiente: Hofstede, *Lokales Denken, globales Handeln.*

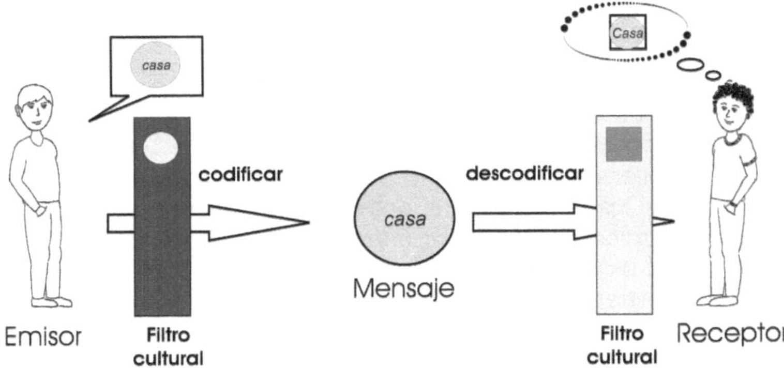

Supongamos un encuentro entre un alemán y un peruano en Lima. Los dos entran en conversación, utilizando el castellano, el idioma del país. Durante la conversación hablan sobre la casa del alemán en Alemania. El alemán le cuenta al peruano de su casa; al hacerlo codifica su mensaje inconscientemente con su filtro cultural (redondo en la ilustración): Está pensando en una casa sólida para una familia con un pequeño apartamento separado; tejado de dos aguas, jardín de invierno etc. El peruano descodifica el mensaje recibido utilizando su filtro cultural (cuadrado en la ilustración): al escuchar la palabra casa pensará probablemente en su propia casa, quizás en una de muchas casas urbanas en Lima con tres o cuatro pisos, techo plano, sin calefacción central, rodeado con murallas etc. La idea, que cada uno de los dos interlocutores tiene de una casa, depende de su trasfondo cultural y del entorno. Sin embargo, en este caso hay pocas dificultades de comprensión; el peruano entenderá la esencia de lo que dice el alemán porque conoce el concepto de una "casa". El alemán puede explicarle cómo es su casa en Alemania y cuáles son las diferencias en comparación con una casa urbana en Lima. De esta manera puede enseñarle al peruano poco a poco el concepto alemán de una casa. A pesar de eso, su trasfondo cultural sigue dominando la imaginación del peruano, por lo menos en los detalles (por ejemplo, en el Perú, las puertas tienen una manija giratoria; en Alemania, las manijas o picaportes tienen la forma de una palanca). Recién cuando el alemán le invita a visitar su país y el peruano llegue a conocer su casa en Alemania, podrá desarrollar un concepto de una casa alemana.

Este ejemplo de una casa suena primeramente muy banal; sin embargo, ilustra cómo el trasfondo cultural de los interlocutores influye su manera de pensar y su conversación aún sobre las cosas más naturales de la vida cotidiana. Aunque ambos utilizaban y entendían el término correcto ("casa"), cada uno de los interlocutores tenía una idea distinta – conforme con su trasfondo cultural.

Ya se ha mencionado, que la comunicación no es una calle de dirección única, sino que es un diálogo. El mensaje del emisor causa una reacción en forma de una respuesta o de una retroalimentación (feedback). Vamos a ver lo que sucede en este caso en la comunicación intercultural:

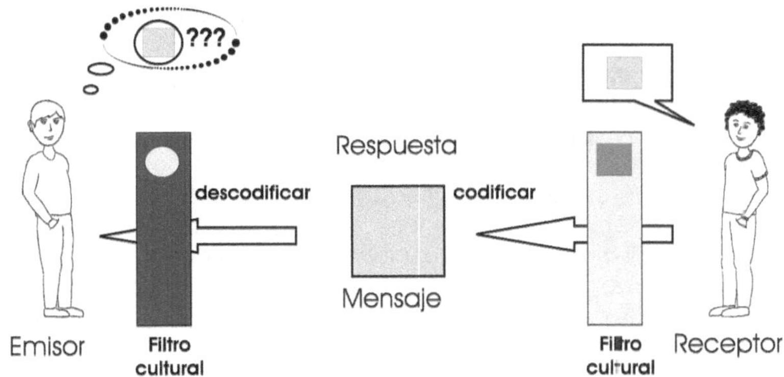

La reacción depende de cómo el receptor ha entendido el mensaje del emisor, o de lo que piensa haber entendido. Ahora, el receptor mismo llega a ser el emisor y codifica su respuesta utilizando – también de una manera inconsciente – su filtro cultural (cuadrado en la ilustración). El emisor original ahora se convierte en el receptor y descodifica el mensaje recibido utilizando su filtro cultural (redondo), según la forma que concuerda con su manera de pensar. Como vamos a ver en unos instantes, la respuesta recibida podría causarle incertidumbre o confusión, porque probablemente indica que hay un malentendido.

Vamos a terminar con un ejemplo breve, que vuelve a ilustrar la manera como operan los filtros culturales, y que muestra qué tipos de malentendidos pueden suceder. Se trata de un caso real; uno de mis profesores de lengua me contó la siguiente historia:

Un alemán y un peruano tenían una conversación en una ciudad en la sierra del Perú. Durante la conversación, el alemán comenzó a contarle del "pastor alemán" de su iglesia. Había una conversación muy animada y el peruano contestó que también tiene un "pastor alemán". Cuanto más detalles el peruano contaba de su "pastor alemán", más sorprendido quedaba el alemán. Cuando el peruano mencionó que su "pastor alemán" se había caído del techo de la casa y se había quebrado sus "patas", la confusión fue total. El alemán todavía no sabía que "pastor alemán" es el término en español para un perro de cierta raza; él solo pensaba en el pastor de su iglesia en Alemania...

Situaciones como esta causan una serie de emociones: asombro, confusión, incertidumbre etc. Algunos malentendidos se pueden aclarar, y estos van a causar risa al final. Pero también hay encuentros que quedan sin aclaraciones, dejando una sensación embarazosa y desagradable. Se sabe, que algo ha andado mal, pero no se sabe qué ha sido y porqué ha sucedido así.

El trasfondo cultural de los interlocutores, ilustrado por medio de "filtros culturales", puede tener el efecto de una barrera que dificulta la comunicación. Cuanto más diferencias culturales hay entre los interlocutores, más alta es la barrera que se tiene que sobrepasar. Cuanto más diferencias culturales hay en la manera de pensar, más malentendidos pueden suceder. Por eso, la comunicación intercultural solamente puede funcionar bien, si llegamos a conocer la cultura del otro. Por lo tanto vamos a tratar a fondo en los siguientes capítulos el tema de la cultura – y como la cultura influye en el proceso de la comunicación.

Preguntas para profundizar lo aprendido:
- ✓ Piense en una experiencia con una persona que tiene su misma cultura, donde la comunicación no funcionó bien. Anote una frase de un mensaje enviado y de la respuesta recibida. ¿Qué partes tenían el mensaje y la respuesta? ¿Cuál fue la intención detrás de cada frase? ¿Con cuál oído se ha escuchado el mensaje? ¿Cómo ha sido la reacción?
- ✓ Piense en una experiencia con una persona, de una cultura diferente (quizás un colega de trabajo, durante un viaje etc.). ¿Qué ha percibido durante el encuentro con esta persona? ¿Qué sensaciones le produjo este encuentro? ¿Qué le pareció extraño, raro o grotesco?

2. ¿Qué es cultura?

En este capítulo vamos a tratar más a fondo el tema de la "cultura". Primero vamos a tratar la pregunta ¿Qué es cultura? ¿Qué se entiende por cultura? Bueno, en el lenguaje cotidiano el término "cultura" se utiliza mayormente hablando de *bienes culturales* (cuadros, esculturas, edificios, etc.) u *ofertas culturales* (arte, teatro, música etc.). Estas cosas son expresiones exteriores de las culturas, de la cual proceden; pero, no es lo que la etnología entiende bajo el término "cultura". A veces se utiliza el término "cultura" en el sentido de "civilización" o "civilizado". Esto implica normalmente la idea, de que existirían "pueblos civilizados" o "naciones con una cultura alta" – y por lo tanto, también habrían "pueblos incivilizados o sin cultura." [16] Sin embargo, esta opinión, respecto a este uso del término "cultura", es la expresión de un etnocentrismo, que considera "los avances culturales" del propio pueblo como la medida de todas las cosas, y que mira con desprecio a otros pueblos, que presuntamente "todavía no han progresado tanto". Este uso del término "cultura" tampoco expresa, de qué se trata realmente.

Entonces, ¿qué significa "cultura" en el sentido de la etnología? Lamentablemente no existe una "definición universal". Hasta hoy, se han promulgado cientos de definiciones de cultura en la literatura. Quizás sea bueno que sea así, porque de lo contrario se perderían ciertos aspectos. De las muchas definiciones que hay quiero presentar dos en este libro.

El etnólogo Lothar Käser define cultura de la siguiente manera: "Culturas son estrategias para hacer frente a la existencia".[17] Esta definición enfatiza la tarea del hombre, de superar su vida y su supervivencia. En cualquier lugar, donde los hombres viven juntos,

---

[16] Lo que se considera como "civilizado" o "incivilizado" depende mucho de la propia perspectiva cultural. Un colega, que trabajó en el grupo étnico Candoshi en el Perú, me contó de su conversación con un miembro de este grupo. Los Candoshi practicaban (y a veces lo hacen hoy todavía) la venganza de sangre. Durante la primera Guerra del Golfo Pérsico, un Candoshi cuestionó, si esta manera de hacer la guerra realmente es algo "civilizado". Lo que le molestaba era, que se estaban lanzando bombas sobre personas desconocidas, que ni siquiera se reconocían sus rostros. Su concepto de una "guerra civilizada" era enfrentar al enemigo "de hombre a hombre".

[17] „Kulturen sind Strategien zur Daseinsbewältigung". En: Lothar Käser, *Fremde Kulturen. Eine Einführung in die Ethnologie für Entwicklungshelfer und kirchliche Mitarbeiter in Übersee.* (Bad Liebenzell: Verlag der Liebenzeller Mission, 1997), pág. 37.

se necesitan ciertas reglas, que regulen la convivencia. Además, estas reglas causan, que la conducta del otro llegue a ser de alguna manera calculable y previsible. Esto implica una dimensión ética; cada cultura desarrolla ciertos valores que sirven para evaluar la conducta y para distinguir entre "el bien y el mal". Otro aspecto es, que el hombre vive en cierto entorno concreto, y no en un vacío. Y especialmente el entorno del hombre conlleva ciertos desafíos, que tienen que ser superados, si se quiere vivir y sobrevivir en él. Por eso, el entorno natural, o sea, el medio ambiente, decide en gran manera respecto al desarrollo y la cultura de un pueblo. Käser indica que hay ocho diferentes tipos de medio ambiente[18], que han contribuido significativamente al desarrollo de diferentes culturas como estrategias para hacer frente a la existencia: 1) selva tropical, 2) áreas pastizales (estepa, pradera, sabana), 3) las tierras desérticas (desiertos), 4) las zonas del bosque o matorral mediterráneo, 5) las zonas del bosque mixto de la zona templada, 6) las zonas del bosque subártico, 7) las zonas polares, 8) las cordilleras.

Lo que es considerado como una estrategia adecuada para hacer frente a la existencia, puede ser muy diferente, según el medio ambiente. Por ejemplo las casas tienen que cumplir funciones muy distintas, según el clima que predomine: protección de la lluvia, del sol, del calor o también del frío extremo. Un iglú en las zonas polares cumple con su propósito de la misma manera como una casa con techo de palmeras en la selva tropical. Ambas viviendas cumplen con su propósito en su respectivo medio ambiente, y concuerdan con la estrategia para hacer frente a la existencia del respectivo grupo étnico. ¡Que se hagan las cosas de maneras distintas en culturas diferentes, no significa necesariamente, que una manera de hacerlo sea "mejor" que la otra! Además, se hace evidente, de que no existe ningún grupo étnico "sin cultura"; incluso las tribus, que viven todavía en aislamiento en la Amazonía, todas ellas han desarrollado sus propias culturas. También los indígenas de estas tribus tienen una estrategia para hacer frente a la existencia, ¡porque de lo contrario no podrían sobrevivir allí!
Pero el medio ambiente no solo determina las características exteriores de una cultura (por ejemplo, el estilo de las construcciones), sino también determina los valores interiores de las personas. El siguiente ejemplo ilustra esto: Alemania se encuentra en

---

[18] loc. cit. pág. 53ss.

"las zonas del bosque mixto de la zona templada". El clima se caracteriza por cuatro estaciones muy marcadas. Por mucho tiempo, hasta la industrialización, la agricultura predominaba el sustento económico de la población. En la agricultura hay tiempos fijos para la siembra y la cosecha. En invierno, no se puede llevar el ganado a pastar; además es necesario ordeñar regularmente las vacas. Pero es posible conservar productos agrícolas y guardarlos (cereales granos, heno, paja, conservas vegetales etc.). El clima obligaba a los agricultores a desarrollar un ritmo fijo para la vida y el trabajo. Tenían que aprender a planificar bien, ahorrar y a utilizar los recursos disponibles, porque tenían que vivir todo un año de una sola cosecha, esto es, hasta la cosecha del año siguiente. De esta manera, se ha desarrollado en este medio ambiente una cultura de planificación, de prevención y de ahorro. – En la selva tropical de la Amazonía, la situación es completamente distinta: Se distinguen solamente dos estaciones que se caracterizan sobre todo por la cantidad de lluvia y la cantidad de mosquitos: la temporada de lluvia y la temporada de sequía. Como siempre hace calor, las plantas crecen durante todo el año y casi siempre se puede cosechar algo. Pero por el clima y el tipo de productos agrícolas, es imposible guardar alimentos por mucho tiempo; se malogran rápidamente. Por esto, la selva es algo como un "refrigerador vivo" del cual se saca y se consume inmediatamente lo necesario. A causa de esta situación, los grupos étnicos de la Amazonía han desarrollado una cultura completamente distinta. Planificar y prevenir no ha sido necesario, o sólo de una manera limitada; además, ahorrar es algo que no tiene sentido: o se consumen los alimentos inmediatamente o se malogran. Pero en la selva siempre habrá algo a la mañana siguiente, sea mucho o sea poco. Por eso, los indígenas tienen un "estómago flexible": son capaces de comer una gran cantidad de comida, pero también están acostumbrados a tener poca comida. Han aprendido a actuar de una manera flexible según las posibilidades que se presenten. En el pasado estaban también dispuestos a mudarse espontáneamente a otro lugar si podían vivir mejor allí.

Las culturas son *estrategias para hacer frente a la existencia*. Como tales sirven para cumplir un propósito práctico; además se adaptan poco a poco a los cambios del entorno.

La segunda definición de cultura que quisiera presentar es de la lingüista Helen Spencer-Oatey. Ella define cultura como un "*conjunto de actitudes, convicciones, normas de conducta y suposiciones básicas y valores, que son compartidas por un grupo de personas, y que influyen en el comportamiento de cada miembro del grupo y en su interpretación del "significado" del comportamiento de otros hombres."*[19]

El enfoque de esta definición es un poco diferente que la definición de Käser. Sin embargo, es un muy buen complemento, porque deja en claro ciertos aspectos de lo que es cultura:

➢ Se puede comparar una cultura con un "paquete completo" que contiene muchas cosas: actitudes, convicciones, normas de conducta, valores. En principio, una gran parte de la cultura es invisible. Una cultura contiene muchos "aspectos interiores", que se encuentran en el interior del hombre; por eso están ocultos y un observador externo no puede percibirlos a simple vista.

➢ Este "paquete completo" (el "paquete cultural") es compartido por un grupo de personas. Ante todo, cultura no es algo individual – aunque cada individuo tiene su formación cultural – sino que es algo colectivo. En este caso no importa la cantidad de personas que pertenece al grupo. También hay pueblos muy pequeños que consisten en solamente 300 a 400 miembros, pero que tienen su propia cultura y lengua y que se consideran como un grupo étnico independiente. Este ejemplo también nos muestra cierta dificultad que enfrentamos, al intentar delimitar una cultura: Por un lado, el idioma es una característica esencial de una cultura, porque especialmente por medio del idioma se expresa y se enseña los valores de la cultura. En España y en la mayoría de los países de América latina se habla el español (castellano), y es posible hablar de una manera general de una cultura hispanohablante o de una cultura latina. Pero las diferencias culturales entre España y América latina, y también entre los países latinoamericanos, son muy evidentes. Así también las nacionalidades o las fronteras de los países tampoco sirven (o solamente de una manera limitada) para delimitar una cultura. El concepto "estado-nación" es un desarrollo reciente del período post-colonial. En muchos países, sobre todo en Africa, se establecieron las fronteras de los países con la regla en el mapa. En estos estados, que han sido formados, a veces conviven

---

[19] "Culture is a fuzzy set of attitudes, beliefs, behavioural norms, and basic assumptions and values that are shared by a group of people, and that influence each member's behaviour and his/her interpretation of the 'meaning' of other people's behaviour." Helen Spencer-Oatey, *Culturally speaking: managing rapport through talk across cultures.* (London: Continuum, 2000), pág. 4.

grupos étnicos con culturas muy distintas como "nación" – con el resultado de que existen tensiones y conflictos entre ellos. Pero a la vez, las fronteras separaron a los miembros del mismo grupo étnico, distribuyéndolos en distintos estados. En parte esto también se dio en el caso de América del Sur: por ejemplo los miembros del grupo étnico Ticuna viven en el triángulo de los países Perú, Colombia y Brasil. Ellos hablan tres idiomas: su lengua materna, el castellano y el portugués. Estos ejemplos nos muestran, que no es tan fácil delimitar una cultura. Esta dificultad también se hace evidente, si se intenta hablar de *la* "cultura alemana". Los alemanes tenemos mucho en común; pero también existen diferencias regionales significativas; ¡ni hablar de los muchos dialectos!

➢ El paquete cultural, que es compartido por un grupo de personas, influye en la conducta de los miembros del grupo. La conducta revela – por lo menos una cierta parte de – las actitudes, convicciones, normas de conducta y de los valores que el grupo considera como "lo correcto".

➢ La definición de Spencer-Oatey nos indica otro aspecto importante: El paquete cultural del grupo (actitudes, convicciones, normas de conducta, valores) es la regla que se aplica para evaluar a otras personas. – Tanto para evaluar la conducta de personas que pertenecen al *propio* grupo cultural, como para evaluar la conducta de gente de *otra* cultura. Se utiliza esta regla para interpretar la conducta de otros. Por ejemplo: Un alumno en los EEUU, de origen indígena, estudia en un colegio, donde los profesores y la mayoría de los alumnos no son indígenas. Al responder una pregunta del profesor, este alumno evita mirarle a la cara. El profesor interpreta esta conducta como una falta de respeto; porque según su formación cultural y su convicción, relacionada con esta forma cultural, el respeto se muestra al hablar con una persona mirándola a la cara. Pero en la cultura indígena del alumno, el respeto a una persona de autoridad se muestra (como p.ej. al profesor) al *no* mirar a la persona a la cara cuando se habla con ella. Es decir, según su trasfondo cultural, el alumno se ha portado de una manera correcta y respetuosa. Cada uno de nosotros interpreta el significado de la conducta de otros continuamente. En la mayoría de los casos, ni estamos conscientes de que lo hacemos, excepto que la conducta del otro nos confunda o nos moleste. En un encuentro intercultural, eso sucede más frecuentemente. La conducta de los otros nos puede parecer rara, incomprensible o aún disparatada (Obelix[20] de vez en cuando lo expresa de la manera siguiente: *"Están locos, esos Romanos"*), porque su conducta se basa en normas diferentes. Eso explica también la aparición del etnocentrismo. *Etnocentrismo* significa, que un grupo de personas (un grupo étnico, un pueblo) está considerándose a si mismo como centro del mundo, y que está evaluando a otros según su propio estilo de vida y su propia cosmovisión. En este caso, naturalmente la propia cultura es considerada como mejor que la otra. Pues bien, de cierta manera, etnocentrismo es una reacción natural. Porque primero, la propia cultura es el marco natural y conocido, que se utiliza para evaluar la propia conducta y la conducta de otros. Por eso, es muy normal utilizar en el encuentro con desconocidos en primer lugar la regla, que uno mismo conoce. El desafío en el encuentro intercultural consiste en superar el etnocentrismo propio de una manera sana. Porque existe el peligro de caer de un extremo al otro, al glorificar la otra cultura sin permitir ninguna crítica. A propósito, el etnocentrismo es un fenómeno universal. Se le encuentra aún entre los grupos étnicos pequeños de la selva. Hace poco, un grupo étnico, que ha sido conocido como el grupo "Cashinahua" (Kashinawa), cambió su nombre. Fueron otros quienes le habían dado el nombre al grupo "Cashinahua" – algo, que ocurrió frecuentemente. "Cashinahua" significa "gente murciélago" y no es una denominación simpática para este pueblo. Ahora, el grupo étnico utiliza oficialmente la auto-definición "Hunikuin" como nombre del pueblo. "Hunikuin" significa "los hombres verdaderos"[21].

La definición de Spencer-Oatey, que ya hemos tratado un poco, es complementada por un modelo de diferentes capas al igual que una cebolla. Este modelo ilustra muy bien la complejidad de lo que es cultura (vea la página siguiente):

---

[20] Obelix es un personaje en los cómics „Una aventura de Asterix" de René Goscini / Albert Uderzo.

[21] Interesantemente, muchas etnias utilizan una palabra que significa „hombres" para denominar al grupo *propio*. Para denominar a los miembros de otras etnias utilizan normalmente una palabra diferente, que no siempre es „amigable".

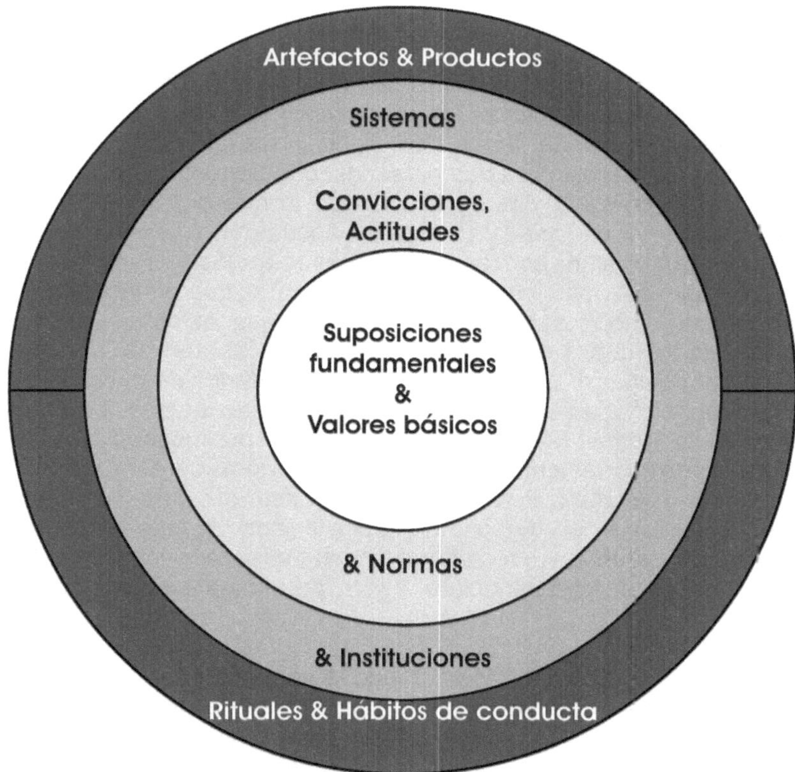

Este modelo deja en claro, que una cultura consiste en varias capas y que tiene un núcleo interno.

Si alguien de afuera ("Outsider") entra en otro entorno cultural, primero percibe solamente la capa exterior; las otras capas, las interiores y el núcleo, permanecen ocultos para él. Esta capa exterior es la parte visible de la cultura, que puede ser percibida por los sentidos. Esta parte visible consiste sustancialmente en dos subáreas:

> Lo que la gente ha producido y/o está utilizando: *artefactos* y *productos*. Esto incluye comida, ropa, casas y dispcsitivos técnicos, obras de arte y mucho más.

> Lo que la gente está haciendo: *rituales* y *hábitos de conducta*. Esta es también un área muy amplia; incluye entre otros el idioma, la música, prácticas religiosas, fiestas, danzas, los gestos y la mímica.

Sin embargo, la capa exterior *no* nos explica el *significado* de ciertos objetos, colores o hábitos de conducta. También la razón permanece todavía oculta. El ejemplo anterior de un alumno indígena, que no miró a su profesor al darle una respuesta, deja en claro, que la misma conducta puede tener dos significados diferentes, o aun significados contrarios, para dos personas, que pertenecen a culturas distintas. El significado y la explicación de lo que percibimos en la capa exterior (visible) de la cultura, lo encontramos en las capas interiores, que están ocultas para nuestros ojos. Si queremos conocer realmente otra cultura, y sobre todo si queremos llegar a comprenderla, ¡no nos queda otro remedio que esforzarnos para penetrar en las capas interiores! Sin embargo, es más fácil decirlo que hacerlo. Penetrar solamente en la capa exterior de una cultura requiere aproximadamente un año – ¡suponiendo que se habla el idioma de la gente! Investigadores culturales presuponen que se requiere aproximadamente ocho hasta doce años para avanzar al núcleo interno de una cultura. Es un error pensar que uno "conoce la cultura" de un país por el hecho de haber viajado algunas veces allí. Adquirir competencia intercultural presupone el conocimiento, después de un duro aprendizaje – y la permanente disposición a aprender.

Vamos a avanzar un paso más mirando la segunda capa en nuestro modelo: son los *sistemas* y las *instituciones* de una sociedad. También se podría hablar del "orden social". Un sistema social consiste en distintas partes: la estructura social (clase social, sistema de castas), el sistema religioso, el sistema político y el sistema económico. Los sistemas producen las instituciones correspondientes: Parlamentos, tribunales, policía, partidos políticos, sindicatos, asociación de empleadores, comunidades religiosas etc. Se puede percibir la conducta y los productos de los representantes de estas instituciones (diputados, jueces, policías, políticos etc.) en la capa exterior (visible) de la cultura. Pero la explicación del cómo y del porqué de estos sistemas e instituciones se encuentran en las capas más profundas de la cultura.

Esto nos lleva a la tercera capa: *convicciones*, *actitudes* y *normas*. Aquí encontramos valores universales que determinan la conducta de la gente; que los impulsa y motiva a actuar. Esto incluye lo que la gente de esta cultura considera deseable, lo que anhela y lo que le gusta. La gente también tiene una idea de lo que se debería hacer y de cuál es la manera correcta y adecuada de comportarse. Esta capa cultural se manifiesta muchas veces durante conversaciones íntimas y profundas. Los interlocutores expresan sus convicciones acerca de qué es "lo correcto" y qué deberían hacer, por ejemplo, los políticos ("¡Hay que prohibirlo!"). Las convicciones y las actitudes relacionadas con estas, llevan a la fundación de ciertas instituciones que encontramos en la segunda capa, es decir, una capa superior. Por ejemplo, la convicción de que los trabajadores tienen el derecho a la coparticipación de condiciones justas de trabajo, puede llevar a la fundación de un sindicato (institución, la segunda capa) y a la organización de huelgas (conducta, la capa exterior – visible).

Las *suposiciones fundamentales* y los *valores básicos* forman el núcleo interno de una cultura. Tienen una relación estrecha con la cosmovisión predominante en el grupo y contienen aspectos religiosos, filosóficos e ideológicos. Personas importantes ("héroes") o acontecimientos en la historia del pueblo, muchas veces han jugado un papel importante en la aparición de estas suposiciones fundamentales y de los valores básicos.
Este núcleo interno es la capa más importante de una cultura, por que las capas superiores se derivan directamente o indirectamente de este. Quisiera ilustrarlo por medio del siguiente ejemplo: Imaginémonos un grupo étnico con una cosmovisión "animista". Una suposición fundamental de cosmovisiones animistas es, que existe una estrecha interacción entre el mundo físico (material) y el mundo espiritual (inmaterial). La influencia de seres espirituales malignos (espíritus malos) juega un papel importante en el animismo; especialmente como una posible causa de enfermedades.[22] Intentemos aplicar este aspecto a nuestro modelo de diferentes capas; vamos a comenzar adentro con el núcleo interno:
➢ Suposición fundamental: seres espirituales (espíritus) pueden causar enfermedades; pero también hay remedios para protegerse contra estos ataques. Además hay especialistas religiosos, que tienen acceso al mundo espiritual y a quienes se

---

[22] Si se trabaja como médico o enfermera teniendo un concepto científico (occidental) acerca de enfermedades y sus causas en una cultura con una cosmovisión animista, dos mundos diferentes van a chocar fuertemente y muy probablemente habrá graves malentendidos. Hofstede menciona en su libro, que por ejemplo Thabo Mbeki, siendo el Presidente de Africa del Sur, se negó primeramente (hasta que cambió de opinión en el año 2000) a reconocer la relación entre una infección con el virus VIH y la enfermedad SIDA. La razón fue la creencia en la brujería, que está muy extendida, y que se basa en una cosmovisión animista. Hofstede, *Lokales Denken, globales Handeln*, pág. 309.

puede consultar en el caso de una enfermedad como mediadores o curanderos.

➢ Convicciones: Es necesario prestar atención a ciertos tabúes para no provocar la ira de los seres espirituales. Hay rituales o amuletos que pueden proteger del daño que causan los seres espirituales. La brujería puede ser otra causa de las enfermedades.

➢ Instituciones ("especialistas religiosos"): Chamanes, curanderos, brujos etc., que tienen acceso al mundo espiritual y que disponen del conocimiento necesario para poder ayudar o dañar.

➢ Hábitos de conducta y rituales: Los enfermos son llevados al chamán; se realizan ciertos rituales; la gente utiliza amuletos o evita ciertas maneras de actuar para protegerse.

Incluso cambios pequeños en los suposiciones fundamentales y los valores básicos tienen un impacto significativo; pueden desestabilizar, y en el caso extremo, aún causar la quiebra de un sistema. Por otra parte, la aceptación de artefactos o productos en la capa visible de una cultura, no significa necesariamente un cambio (mayor) en las capas más profundas. Incluso el uso de la medicina moderna y de medicamentos no significa de ninguna manera, que se han cambiado a fondo las suposiciones fundamentales de la cultura, como por ejemplo la cosmovisión animista.

Ya se ha mencionado que el acercamiento y la adaptación de un forastero ("Outsider") a una cultura ajena, comienza con las cosas exteriores: se aprende a saludar según las costumbres del país y la manera adecuada de vestirse, o también aprendiendo los modales en la mesa. Pero eso no significa necesariamente, que se ha comprendido el "valor intrínseco" de ciertos hábitos de conducta o aún su significado cultural. ¡Es posible aprender las reglas culturales y los hábitos de conducta de otra cultura, sin haber comprendido jamás, porqué "se hace de esta manera"!

Otra forma para presentar los aspectos visibles e invisibles de una cultura es el modelo del iceberg (témpano de hielo; vea la página siguiente).
Solamente un 10% de un iceberg es visible, el otro 90% se encuentra invisible debajo de la superficie del agua. En el caso de que chocaran dos icebergs, esto ocurriría debajo de la superficie del agua. Esta imagen puede darnos una buena y complementaria perspectiva de la esencia de culturas diferentes; a la vez está ilustrando la causa real de un choque. Cuando dos personas de culturas diferentes

experimentan una "colisión", la ocasión exterior primero parece ser la causa; por ejemplo, una manera de actuar, que se considera muy descortés y como una ofensa en la cultura de una persona, pero que se considera como un comportamiento cortés o amable en la cultura del otro. ¡Pero la causa real de la colisión se encuentra debajo de la superficie y tiene que ver con las actitudes, convicciones, normas de conducta y valores!

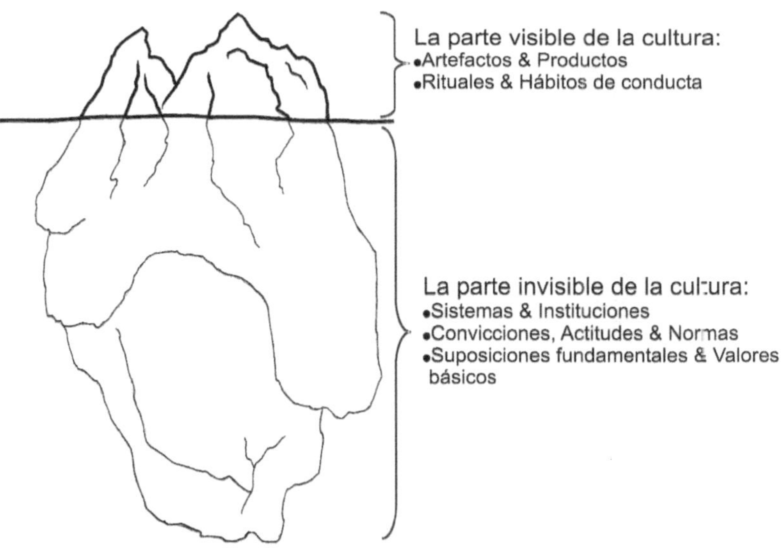

Ya se mencionó que Hofestede está hablando, en relación con cultura, de una "programación mental". La "programación mental" se lleva a cabo en la vida de cada ser humano durante la "socialización". Dentro del entorno social, donde se cría un individuo, también se aprende la cultura del grupo al que pertenece. Se habla en este contexto también de la apropiación cultural o de la "enculturación". Es decir, el hombre no nace con cierta cultura, sino la aprende y se apropia de una cultura. La "programación cultural" comienza en la edad del bebé y hasta la edad de ocho años ya se ha interiorizado de la mayor parte de la cultura (un 80% en sus formas básicas[23]).

---

[23] Cf. Käser, *Fremde Kulturen,* pág. 118.

Todos hemos interiorizado las actitudes, convicciones, normas de conducta y valores del grupo cultural al que pertenecemos. Son una parte *inconsciente* de nuestro ser y de nuestra identidad, y determinan nuestra forma de actuar. De la misma manera vemos el mundo y la conducta de los demás *inconscientemente* a través de los lentes de nuestra formación cultural.

Este libro trata de la comunicación y del desarrollo de la competencia intercultural. Muchas veces, se intenta tomar el camino directo para llegar a la meta, concentrándose sobre todo en la otra cultura e intentando adquirir conocimientos sobre esta cultura extranjera. Pero un requisito previo para el desarrollo de la competencia intercultural es, conocerse primero a sí mismo y su propio trasfondo cultural. Es necesario tomar *conciencia* de lo que hemos interiorizado inconscientemente durante nuestra enculturación. Por supuesto, la manera más fácil de lograrlo es el encuentro con otras culturas. ¡Recién cuando viví por cierto tiempo en el extranjero me he dado cuenta cuan alemán soy realmente!

Los conocimientos específicos sobre la cultura y las probables diferencias culturales, pueden ayudarnos a clasificar y a comprender mejor las cosas, durante este proceso de tomar conciencia del propio trasfondo cultural. Este capítulo y los capítulos siguientes sirven especialmente para este propósito.

Quisiera señalar aquí algunas cosas sobre el tema del "entrenamiento intercultural". Para la preparación de un encuentro intercultural existen dos enfoques diferentes, que generalmente se distinguen:

1. El entrenamiento intercultural específico del país. Durante este entrenamiento se enseñan conocimientos específicos sobre la cultura del país, especialmente acerca de las costumbres y usanzas. También se enseña lo que se debe hacer o dejar de hacer al encontrarse con personas de esta cultura.

2. El entrenamiento intercultural general. El propósito de este tipo de entrenamiento es enseñar conocimientos básicos sobre la manera de cómo funcionan las culturas, los diferentes valores etc. La meta es sensibilizar a los participantes en cuanto a lo intercultural y capacitarles a aplicar lo aprendido en diferentes culturas.

El enfoque de este libro es el entrenamiento intercultural general. Mi objetivo es, sensibilizarle y animarle a dedicarse más intensivamente al estudio de la temática "cultura". Entrenamientos interculturales específicos del país seguramente son una cosa buena y tienen su justificación. Sin embargo, existe el peligro de adquirir conocimientos teóricos sobre una cultura específica, pero sin llegar a entender las razones más profundas de la otra cultura. Otro peligro del entrenamiento intercultural específico del país es, asumir precipitadamente los estereotipos sobre la otra cultura ("los alemanes son así", "los griegos son así" etc.), sin reflexionar y cuestionar si realmente es así. De esta manera, se coloca a los miembros de otra cultura precipitadamente en un casillero. Lamentablemente, esto impide un encuentro intercultural verdadero y obstaculiza la comunicación; no se entiende al otro ni su manera de ser. Por eso, para adquirir competencia intercultural, esto es, adquirir un conocimiento diferenciado y adecuado de otras culturas y de sus hábitos de conducta, que dependen del trasfondo cultural de la persona, un entrenamiento intercultural general me parece ser indispensable. Entonces, un entrenamiento intercultural específico del país es un complemento bueno e importante, para conocer las expresiones culturales de un país específico – y como condición previa se evitan los estereotipos.

Al final de este capítulo he preparado otro ejercicio que sirve para volver a reflexionar y aplicar lo que hemos tratado hasta ahora:
✓ Mire el modelo de las diferentes capas de una cultura (vea la página 35). Reflexione sobre diferentes aspectos de su propia cultura, por ejemplo, la experiencia con una persona de su cultura. Avance de afuera hacia adentro (p.ej. comenzando con un comportamiento concreto), e intente encontrar un ejemplo para cada capa, así como comprender la conexión inherente. ¿Cuáles podrían ser las convicciones y las suposiciones, en las qué se basa el comportamiento?
✓ Piense ahora en una experiencia que tuvo con otra cultura que ha conocido un poco (viaje, estadía en el extranjero). Proceda de la misma manera. ¿Qué dificultades está enfrentando al hacerlo? ¿Cómo podría comprobar, si su interpretación de la conexión inherente realmente es cierta en esta cultura?

3. Cultura y valores

En el capítulo anterior se hizo evidente el importante papel que juegan los elementos invisibles de una cultura (las capas interiores / el 90% oculto del ejemplo iceberg). En este capítulo vamos a conocer mejor algunas de las diferencias considerables. Hay enfoques distintos, para clasificar por categorías las diferencias entre culturas; no obstante encontramos ciertas superposiciones y similitudes. Primero voy a presentar algunos de estos diferentes enfoques, después vamos a profundizarlo y tratar algunos aspectos más a fondo.

Hofstede habla de *"dimensiones de culturas nacionales"*.[24] Está diferenciando cinco dimensiones en las cuales se distinguen las culturas:
1) *Distancia al poder:* Cómo las sociedades tratan con la desigualdad entre los hombres.
2) *Individualismo y colectivismo:* El papel del individuo frente al grupo.
3) *Masculinidad y feminidad:* La delimitación emocional clara de los roles de género, respectivamente, la superposición emocional de los roles de género.
4) *Evasión de la incertidumbre:* La tolerancia de la ambigüedad y de lo impredecible.
5) *Orientación a largo plazo y orientación a corto plazo:* La cultivación de virtudes que enfocan el éxito en el futuro, respectivamente, la cultivación de virtudes que están relacionados con el pasado y el presente.

Gerhard Maletzke distingue diez *"características estructurales de culturas"*. Estas características estructurales son "componentes, que están conectados entre sí funcionalmente, y encuentran su significado recién en el contexto general, en la estructura de la totalidad."[25] Las diez características estructurales de la cultura son:
1) El carácter nacional, la personalidad básica

---

[24] Hofstede, *Lokales Denken, globales Handeln*, pág. 28ss.

[25] Traducido por el autor; cita original: "Komponenten, die untereinander funktional verbunden sind und ihren Stellenwert erst im Gesamtzusammenhang, in der Struktur des Ganzen finden." Gerhard Maltzke, *Interkulturelle Kommunikation. Zur Interaktion zwischen Menschen verschiedener Kulturen.* (Opladen: Westdeutscher Verlag, 1996), pág. 42.

2) La percepción
3) La noción del tiempo
4) La noción del espacio
5) La manera de pensar
6) El idioma
7) La comunicación no verbal
8) Los valores
9) Los patrones de conducta: modales, normas, roles
10) Las agrupaciones sociales y relaciones

Alexander Thomas creó el concepto de "normas culturales": "Normas culturales son maneras de percibir, pensar, evaluar y actuar [...], que la mayoría de los miembros de cierta cultura ven como algo normal, típico y obligatorio para sí mismos y para los demás."[26] Por medio de entrevistas, sobre todo con profesionales y ejecutivos, que tienen una amplia experiencia intercultural, se han identificado normas culturales centrales para varios países. Se está utilizando una variedad de términos como "orientación a cosas/asuntos", "planificación del tiempo", "orientación al rendimiento", "la astucia y tácticas", "patriotismo", "etiqueta", "serenidad".
El grado de aplicabilidad de estos términos a cierta cultura es muy diferente.

Marvin Mayers desarrolló un *"modelo de valores básicos"* que se compone de doce elementos, que describen rasgos característicos que son opuestos: [27]
1) Orientación al tiempo – orientación a los acontecimientos (diferencias en la noción del tiempo)
2) Razonamiento analítico – razonamiento holístico (diferencias en la forma de pensar)

---

[26] Traducido por el autor; cita original: „Kulturstandards sind Arten des Wahrnehmens, Denkens, Wertens und Handelns [...], die von der Mehrzahl der Mitglieder einer bestimmten Kultur für sich und andere als normal, typisch und verbindlich angesehen werden." Citado por: Astrid Erll, Marion Gymnich, *Interkulturelle Kompetenzen. Erfolgreich kommunizieren zwischen den Kulturen.* (Stuttgart: Klett, 2010), pág. 170.
[27] Una descripción detallada del modelo de valores básicos se encuentra en el libro *Kulturübergreifender Dienst* de Sherwood G. Lingenfelter y Marvin K. Mayers (Bad Liebenzell: Verlag der Liebenzeller Mission, 2001); a continuación citado como: Lingenfelter / Mayers, *Kulturübergreifender Dienst*. El título original en inglés de este libro es: "Ministering Cross-Culturally: An Incarnational Model for Personal Relationships" (vea la Bibliografía). Lamentablemente todavía no existe una traducción al español.

3) Prevención de crisis – serenidad (estrategias diferentes para hacer frente a una crisis)
4) Orientación a metas – orientación hacia la persona (ideas diferentes acerca de los objetivos)
5) Estatus – rendimiento (tensión interna respecto a la autoconsciencia)
6) Temor a quedar en evidencia – valor para estar expuesto (tensión interna respecto a la sensibilidad)

Los enfoques de Hofstede y de Mayers enfatizan sobre todo valores, que pueden jugar un papel diferente en distintas culturas. Siempre hay dos valores opuestos (p.ej. el valor A1: individualismo, el valor A2: colectivismo), que forman en su expresión absoluta (7) dos extremos. La importancia de los dos valores es diferente en cada cultura. Normalmente ambos valores se encuentran, hasta cierto grado, en cada cultura, en lo cual uno de los dos valores es el dominante. Por eso, Mayers está ilustrando la proporción de su cuota en un sistema de coordenadas (y no en una escala simple).

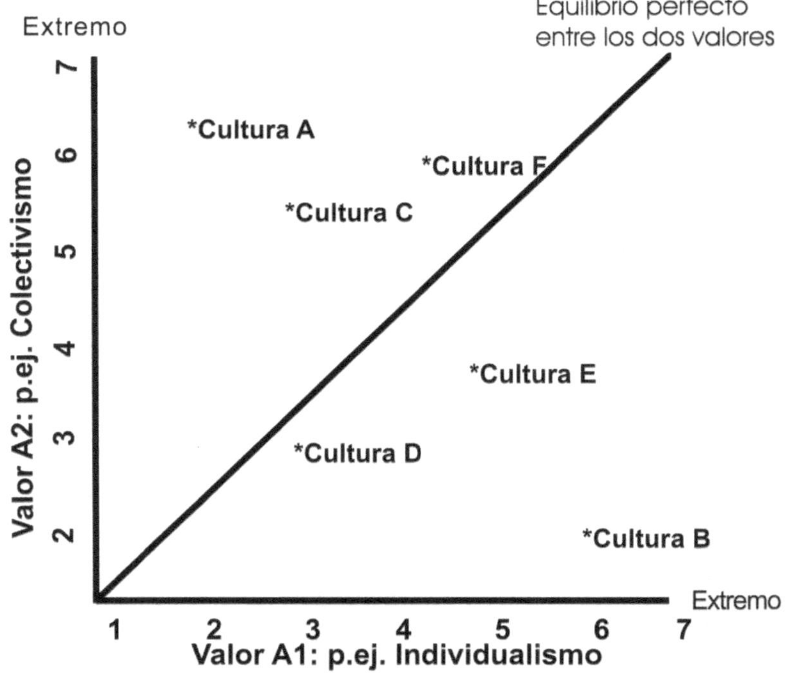

Dagmar Kumbier y Friedemann Schulz von Thun utilizan en este contexto un instrumento que han denominado el "cuadrado de valores". Ellos indican que "cada valor degenera hacia un valor falso (anti-valor), si se lo exagera y absolutiza."[28] En muchos casos, los valores no se excluyen mutuamente, sino que se complementan. Sin el otro valor existiría el peligro de caer en extremos y de desviarse: Un colectivismo puro que sacrifica la dignidad del individuo lleva al

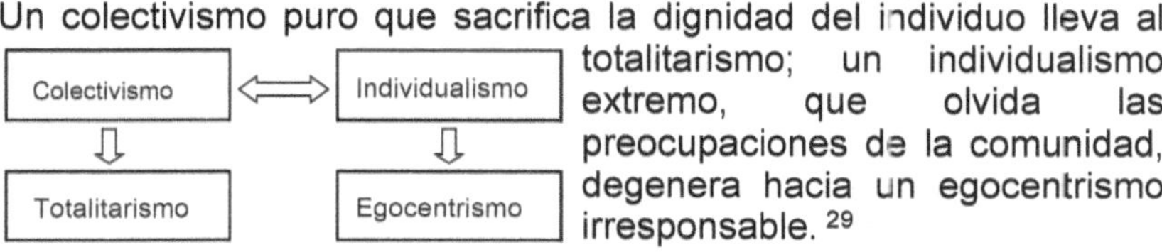

totalitarismo; un individualismo extremo, que olvida las preocupaciones de la comunidad, degenera hacia un egocentrismo irresponsable. [29]

Si se encuentran dos personas con diferentes trasfondos culturales, cuyos valores están opuestos, la primera reacción es extrañeza.[30] Cuanto mayor sea la distancia entre los dos valores, más grande será la extrañeza. En algún momento puede suceder que ambos se reprochen mutuamente:

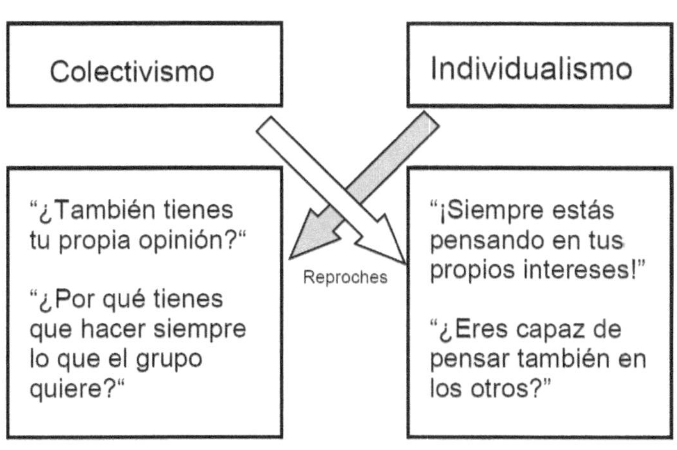

---

[28] Traducido por el autor; cita original: „dass jeder Wert zu einem Unwert verkommt, wenn er übertrieben und verabsolutiert wird." Dagmar Kumbier, Friedemann Schulz von Thun, *Interkulturelle Kommunikation: Methoden, Modelle, Beispiele*. (Reinbek: Rowohlt, 2006), pág. 15.

[29] Dagmar Kumbier, Friedemann Schulz von Thun, *Interkulturelle Kommunikation: Methoden, Modelle, Beispiele*. (Reinbek: Rowohlt, 2006), pág. 15.

[30] Dagmar Kumbier, Friedemann Schulz von Thun, *Interkulturelle Kommunikation: Methoden, Modelle, Beispiele*. (Reinbek: Rowohlt, 2006), pág. 15.

Los encuentros interculturales también ofrecen una chance para ampliar el propio horizonte. Para eso, es necesario superar la extrañeza inicial y ocuparse de los otros valores. Entonces existirá la posibilidad de encontrar algo positivo en estos valores y de ampliar su propio punto de vista. De esta manera, también es posible corregir un absolutismo de ciertos valores, que probablemente ya ha ocurrido.

Ahora queremos echar una mirada más cercana a algunas diferencias fundamentales entre las culturas. Vamos a tratar las siguientes preguntas, que tienen que ver especialmente con valores:
- ¿Cómo utilizan el tiempo las personas de diferentes culturas?
- ¿Cómo se maneja las diferencias entre las personas?
- ¿Cómo es la relación entre el individuo y el grupo en diferentes culturas?
- ¿Cómo se maneja el éxito, el fracaso y la mala conducta?
- ¿Qué importancia tiene lograr los objetivos?
- ¿Cómo se hace frente a posibles crisis?
- ¿Cómo se distinguen las culturas en su forma de pensar?
- ¿Cómo se utiliza el espacio?

Al tratar estas preguntas voy a recurrir a algunos de los enfoques, que han sido presentados al inicio de este capítulo. En cada conjunto de preguntas nos interesa especialmente, cómo afecta esto a la comunicación intercultural.

3.1. El uso del tiempo

El trato con la dimensión tiempo es diferente de una cultura a otra. Algunos conceptos del tiempo tienen raíces religiosas (el núcleo interno del modelo de capas). La cosmovisión judía-cristiana ha llevado a un concepto lineal del tiempo (la historia se acerca a una meta final, es decir, la venida del Mesías y del cumplimiento de los tiempos), mientras que la cosmovisión hindú y la cosmovisión budista (la vida es un círculo constante de renacimientos) han llevado, sobre todo en Asia, a un concepto cíclico del tiempo.
La gente se distingue también en su noción del tiempo: algunos consideran al tiempo como un bien valioso y limitado ("¡El tiempo es dinero!") que puede perderse; o como algo que hay en abundancia. Algunos lo consideran como momentos favorables, que deben ser aprovechados, si no se quiere perder una chance para siempre; otros lo ven como posibilidades que vuelven y que pueden ser

aprovechados ("¡Un nuevo día es una nueva oportunidad!"). Algunos están viviendo más en el pasado que en el presente ("¡Todo tiempo pasado fue mejor!"), otros están viviendo en el presente u orientados al futuro. La importancia del tiempo se expresa también por medio del idioma. En algunos idiomas se puede expresar si un acontecimiento ocurrió únicamente o puntualmente en el pasado, o si se trataba de un proceso o de una acción recurrente. En el acento de la región donde estoy viviendo, en el sudoeste de Alemania, nos basta una sola forma del pasado (el perfecto: "has hecho", "has estado") para el uso diario. Al aprender el español, para mí ha sido un desafío grande, ya que se utiliza activamente cuatro formas del pasado. Las formas gramaticales del tiempo, que tiene un idioma, y la manera de usarlas pueden variar; y por supuesto, afecta a la comunicación intercultural. El respectivo concepto del tiempo o la noción del tiempo determinan la manera, cómo un grupo usa el tiempo. En algunas culturas, se usa el tiempo de una manera *monocrónica*, es decir, se organiza y utiliza el tiempo rígidamente. Eso se expresa por ejemplo en forma de una separación estricta entre el "tiempo laboral" y el "tiempo libre"; o se trabaja o se disfruta del tiempo libre ("¡Primero el trabajo, después la diversión!"). Los miembros de culturas monocrónicas normalmente muestran muy poco entusiasmo, si tienen que volver a ocuparse de asuntos de negocios, después de haber ya terminado la hora laboral.

En otras culturas, se usa el tiempo de una manera *policrónica*; es decir, el tiempo se organiza de manera más flexible y no tan estructurado. También se entrelazan cosas diferentes como el trabajo y asuntos privados; es decir, se ejecuta en paralelo lo uno con lo otro. Si una persona, procedente de una cultura policrónica, trabaja en un país o en una empresa multinacional, donde el uso monocrónico del tiempo es la norma, su manejo flexible de asuntos "laborales" y "privados" puede causarle dificultades con el superior.

Mayers distingue referente al uso del tiempo dos valores: *"orientación al tiempo"* y *"orientación a los acontecimientos"*.[31] Los miembros de estas dos orientaciones básicas se distinguen en su concepto respectivo de "puntualidad" y en la manera como se planifica y organiza el tiempo. En esto se refleja también el uso monocrónico o policrónico del tiempo.

En las *culturas con orientación al tiempo*, se planifica y utiliza el tiempo cuidadosamente. La planificación del tiempo es un deber, el

---

[31] Lingenfelter / Mayers, *Kulturübergreifender Dienst*, pág. 33ss.

uso de una agenda es casi obligatoria y el cumplimiento de los plazos tiene mucha importancia. La puntualidad es una expresión de cortesía; se prefiere llegar uno o dos minutos antes a una cita, que llegar tarde. Si es necesario, se interrumpe una conversación en curso, para poder llegar a tiempo a una cita. También es común, hacer una cita previa para visitas privadas en casa de familiares, amigos o conocidos; raras veces, se realizan visitas espontáneas – a riesgo de que los anfitriones no se alegren de la visita... Eventos en culturas con orientación al tiempo, normalmente comienzan y terminan puntualmente.

En *culturas con orientación a los acontecimientos*, predomina el acontecimiento actual; puede ser aún más importante disfrutar el momento, que dejarse presionar por el reloj o por la agenda. La planificación del tiempo es más flexible y espontánea; no es necesario planificar de antemano las visitas y hacer una cita previa; los visitantes que llegan espontáneamente también son bienvenidos. Es un signo de cortesía, llevar a término las conversaciones, aunque signifique llegar tarde a una cita. Los eventos no comienzan puntualmente, sino recién cuando las personas más importantes han llegado; tampoco terminan puntualmente, sino recién cuando el programa ha terminado. El límite de tolerancia, de cuánto tiempo de retraso se disculpa, puede variar significativamente aún entre culturas con orientación a acontecimientos. Según Mayers[32], se disculpa un retraso en América latina hasta 30 minutos, en Yap[33] son hasta dos horas; en América latina, después de una hora, el anfitrión comienza a intranquilizarse, en Yap recién después de tres horas; en América latina, después de dos horas, el anfitrión está molesto, en Yap recién después de cuatro horas.

También las culturas con orientación a acontecimientos tienen un concepto de "impuntualidad", pero éste se distingue significativamente del concepto con orientación al tiempo. En culturas con orientación al tiempo, se tolera todavía un retraso de cinco minutos, pero después de treinta hasta sesenta minutos, el límite de tolerancia está sobrepasado.

La descripción de las propiedades más importantes de las culturas con orientación al tiempo y con orientación a acontecimientos ha dejado en claro, que el encuentro de estos dos valores implica un considerable potencial de conflicto. Además he procurado dar énfasis

---

[32] Lingenfelter / Mayers, *Kulturübergreifender Dienst*, pág. 34.
[33] La isla de Yap pertenece a los Estados Federados de Micronesia.

en algo más, que está en el peligro de perderse frente a las grandes diferencias: ¡En ambos casos, actuar con cortesía juega un papel importante! Pero, la sensación de lo que es cortesía, se basa en prioridades diferentes. La consecuencia es por tanto, que puede ocurrir una interpretación errónea de la conducta de la otra persona en el encuentro intercultural.

- ➢ En las culturas con orientación al tiempo, la persona, con la cual se tiene una cita, tiene preferencia. Sería descortés dejarla esperar. Si se está conversando con alguien, el interlocutor comprende que se tiene que terminar la conversación en curso para poder llegar a tiempo a la cita.
- ➢ En las culturas con orientación a los acontecimientos, la persona, con la cual se está conversando, tiene prioridad. Sería descortés cortar la conversación. Si se llega tarde a una cita, se puede contar con la comprensión del otro, porque se estaba conversando todavía con alguien.

Como ya se ha dicho, en ambos casos, la cortesía juega un papel importante. Pero, ¿cuál forma de actuar es más cortés? Supongo que Usted ha contestado esta pregunta según su trasfondo cultural, ¿no es así? – El factor determinante en la práctica es el entorno cultural donde uno se encuentra actualmente. Tener competencia intercultural implica, tener comprensión para el otro, que se comporta de una manera diferente a la que uno mismo lo haría a causa de su trasfondo cultural; pero también significa, saber adaptar su propia conducta de una manera adecuada a otro entorno cultural. Si mi trasfondo cultural es la orientación al tiempo, pero me encuentro en un país, donde la orientación a acontecimientos predomina, me corresponde a mí a comprender cómo los nativos usan el tiempo, aunque me dé la sensación de que es "poco fiable" e "impuntual". Si tengo una cita y me dejan esperar, no significa que tienen malas intenciones, sino que algo inesperado ha causado la demora. Es necesario estar consciente de ello, de lo contrario, fácilmente uno interpreta la conducta (el retraso o el tiempo de espera) de una manera equivocada y recibe un mensaje, que no ha sido enviado. Además es necesario adquirir estrategias adecuadas, para no tener choques permanentes a causa de la propia noción del tiempo y sentirse como si uno está "perdiendo el tiempo'. Esto implica, deliberadamente programar más tiempo, del que se haría normalmente, estando en su patria. Además significa calcular conscientemente con demoras – y llevarse, por ejemplo, una lectura (un libro o algo para leer) para pasar los tiempos de espera. Por supuesto, una conversación con los nativos puede ayudar también para pasar los tiempos de espera. De esta manera se puede cultivar relaciones y ampliar sus conocimientos sobre la otra cultura; ¡esta forma de invertir el tiempo de ninguna manera es un "tiempo perdido"!

El mismo principio de comprender y adaptarse también es vigente para personas de culturas con orientación a los acontecimientos, que llegan a un país, donde predomina la orientación al tiempo. En este caso tienen que aprender conscientemente, que el término de una conversación a causa de una cita no significa, que la relación no tuviera importancia para el interlocutor. Si se interpretara la conducta del interlocutor como una indiferencia, recibiría un mensaje que no ha sido enviado. A la vez se tiene que adquirir estrategias, para llegar puntualmente a las citas; por ejemplo adelantando el reloj. Por otra parte, una orientación a acontecimientos no necesariamente significa que las personas con este trasfondo cultural siempre y en cualquier lugar son impuntuales. Si se tiene una cita en una oficina o en un hospital, es aconsejable llegar a tiempo; en algunos países por ejemplo, se cierra la puerta principal después del comienzo de las clases. A los alumnos, que llegan tarde, ya no se les permite entrar y ellos pierden un día entero de clases – con las consecuencias respectivas. Pero también hay miembros de culturas con una orientación al tiempo, que siempre llegan "un poco tarde". Quiero terminar con un ejemplo que muestra, que también en el encuentro intercultural entre miembros de culturas con una orientación al tiempo, puede causar sensaciones extrañas: Cuando vivíamos en el Perú, nos visitó una pareja estadounidense, que estaba trabajando con el mismo grupo étnico que nosotros. Pasábamos juntos un tiempo lindo, pero relativamente temprano (según mi sentir), después de haber disfrutado el café y el pastel, el hombre dijo: "Ya no queremos robarles más de su tiempo" – y la pareja comenzó a despedirse. En ese momento, estuve un poco confundido, porque habíamos reservado toda la tarde para esta visita y no tuve la sensación de que me robaran el tiempo. – Recién más tarde comprendí, que en los EEUU predomina el concepto "tiempo es dinero"; robarle el tiempo a una persona es considerado como algo descortés. ¡Esta pareja tenía solamente intenciones buenas hacia nosotros!

Preguntas para profundizar lo aprendido:
- ✓ ¿De qué manera usa principalmente su tiempo? – ¿Monocrónico o policrónico? ¿Predomina la orientación al tiempo o la orientación a acontecimientos?
- ✓ ¿Ya tuvo encuentros extraños o aún frustrantes con personas, que usan su tiempo de una manera diferente que Usted? ¿Qué pasó durante ese encuentro? ¿Hasta qué punto es probable, que Usted mismo – o su interlocutor – interpretó la conducta del otro de una manera equivocada?

3.2. Manejo de las diferencias entre las personas

Una de las características de la vida, que todas las culturas también están reflejando de cierta manera, es la diversidad de las personas. Entre los seres humanos existen diferencias en cuanto al sexo, la edad, la prosperidad, el estatus y el poder (por mencionar solamente algunos ejemplos de este complejo tema). Las diferencias que existen, y la manera de manejarlas es diferente de una cultura a otra.

Diferencias entre los hombres y las mujeres

Una parte relativamente amplia de este tema, son las diferencias entre los hombres y las mujeres, y de los resultantes roles de género.[34] De cultura a cultura es distinto, lo que se considera como roles "normales" de los hombres y de las mujeres, con los respectivos hábitos de conducta, trabajos, tareas, áreas de responsabilidad, obligaciones y privilegios etc. Dentro del respectivo marco cultural, las expectativas relacionadas con cada rol, naturalmente son visto como algo "normal", como "norma" – aunque un forastero lo evaluaría completamente distinto. Los miembros de la otra cultura dictarían probablemente la misma sentencia sobre la cultura del forastero.

---

[34] Con respecto a los roles de género se hace referencia a Hofstede, quien considera "masculinidad" y "feminidad" como una de las cinco dimensiones de culturas nacionales. En su libro, Hofstede ha dedicado un capítulo amplio a esta temática, incluyendo un "índice de masculinidad" (¡muy interesante!) de 74 países y regiones. Según Hofstede, una sociedad es determinada como masculina, cuando se diferencian los roles de los géneros emocionalmente de una manera clara entre si: los hombres deben ser determinados, duros y materialistas, mientras que las mujeres deben ser más modestas, sensibles y valorar la calidad de vida. Una sociedad es determinada como femenina, cuando se superponen los roles de los géneros emocionalmente: tanto las mujeres como los hombres deben ser modestos y sensibles y valorar la calidad de vida. Hofstede, *Lokales Denken, globales Handeln*, pág. 156.

Lamentablemente hay muchas injusticias que caracterizan la relación entre los géneros. Estas injusticias se manifiestan de muchas maneras como por ejemplo a través de sueldos diferentes para el mismo trabajo y rendimiento, la violencia doméstica, el valor inferior, que se atribuye a una mujer (en algunos países se lo expresa de una manera dramática abortando mayormente a niñas). En muchos países se iniciaron procesos para combatir estas injusticias. Sin embargo, también es posible caer de un extremo al otro; por ejemplo escuché durante de uno de mis viajes al Perú (donde el machismo una y otra vez llevó a la violencia contra la esposa; la violencia doméstica es un delito en el Perú y hay oficinas estatales, donde las mujeres afectadas pueden dirigirse), que cada vez más hombres están quejándose sobre la violencia de parte de sus esposas.

En muchas culturas, los hombres y las mujeres tienen sus propias áreas, sobre las cuales "gobiernan". Por eso puede darse el caso de que el hombre es el jefe hacia el exterior y que él manifiesta este "rol" de una manera muy machista, pero a la vez, la casa es el reino de la mujer, donde él tiene muy poca autoridad y donde él puede volver a casa recién cuando lo quiere su esposa. En el Perú, entre los indígenas del grupo étnico Candoshi, una bebida llamada "masato" tiene mucha importancia (también entre otras etnias de la selva). Son las mujeres que producen y distribuyen el masato; no hay ningún "autoservicio". En el caso de que haya conflictos en el matrimonio, la mujer puede utilizar el masato como un medio para demostrar su poder: Puede castigar a su esposo dándole poco para beber y aún puede desprestigiar la fama de su esposo delante de los visitantes sirviéndoles poco o nada del masato. – Ella "se comunica" de esta manera. ¡Los miembros de la cultura Candoshi perciben su mensaje con toda claridad!

El respectivo marco cultural determina también el modo de comunicación entre los géneros, es decir, quién habla (o puede hablar) con quién y cómo se hace de una manera "decente". A veces, las diferencias entre los géneros también hallan su expresión en el idioma. Hay idiomas, donde se utilizan términos diferentes, que dependen del género del hablante y/o del género del oyente. Por ejemplo, si un hombre se dirige a otro hombre, hablándole en Quechua, y le dice "hermano", entonces utilizará la palabra "*wauki*". Pero si es una mujer que habla, ella utiliza la palabra "*turi*" para decir "hermano". Si un hombre utilizara la palabra "*turi*" o una mujer la palabra "*wauki*", causaría confusión y/o risa. El uso del término equivocado es inapropiado y causaría una disonancia en los oídos de los oyentes. Dependiendo de la cultura y la formación, el uso del término "Señorita" en vez de "Señora" puede causar reacciones muy diversas, en su mayoría negativas. En Alemania, hoy en día es común dirigirse a una mujer adulta, que es soltera, utilizando el término "Señora", y no utilizando el término "Señorita', como se hacía antes. Pero eso no significa, que sea también la forma correcta de dirigirse a una mujer soltera en otros países y culturas.

El trasfondo cultural influye también en la forma de hacer una declaración de amor, en lo que se considera un flirteo, y en lo que puede ser entendido aún como una propuesta de matrimonio. En Alemania, un ramo de flores es un regalo apropiado si un hombre quiere expresar su amor por una mujer. Una mujer indígena en la Amazonía probablemente se preguntaría al recibir este tipo de regalo "¿y ahora, qué debo hacer con esta <<verdura>>?" - ¡También los regalos comunican un mensaje! Pero si se entiende este mensaje y cómo se lo entiende, depende de los trasfondos culturales del emisor y del receptor. En algunas culturas indígenas es común que un hombre le regale "*suri*" a su esposa para expresar su amor. El suri es la larva de un escarabajo de la selva amazónica. Si una mujer alemana recibiera este tipo de regalo difícilmente se alegraría...

Conozco a una peruana que había trabajado como asistente de una lingüista, cuando era todavía más joven. También la acompañaba durante sus estadías en las comunidades nativas. Un día, cuando ella estaba sola en casa, un joven indígena se acercó y llamó a la puerta; el hombre, que estaba adornado, le ofreció un pedazo de carne. Ella lo tomó dando gracias, el hombre se fue y ella continuó con su trabajo.

Un poco más tarde, la lingüista regresó a casa. Cuando ella vio el pedazo de carne y escuchó lo que había sucedido, se puso pálida. Inmediatamente tomó la carne, y junta con su asistente se dirigió donde vivía la familia del joven indígena. Había una discusión en la lengua tribal, de la cual la peruana no entendía absolutamente nada. Durante la discusión la lingüista devolvió también la carne. Después, todos los participantes se relajaron. Al regresar a casa, la lingüista le explicó a su asistente, que al haber recibido el pedazo de carne, ella había aceptado casarse con el joven indígena y que éste habría vuelto en la misma noche para recogerla. Pero durante la discusión, delante de la casa de la familia de este joven, "este matrimonio" ya se había divorciado. ¡Ella se había "casado" y "divorciado" el mismo día, sin saberlo!

Este ejemplo es un poco extremo, pero sirve para ilustrar bien los malentendidos que pueden suceder durante el encuentro intercultural entre personas de diferente género. Puede suceder que se pierden mensajes, de este modo nunca llegan al receptor (p.ej. el mensaje relacionado con el regalo de la carne "¿Quieres casarte conmigo?" nunca ha sido recibido por la peruana); o también puede pasar, que el receptor recibe un mensaje supuesto, que nunca ha sido enviado con esta intención de parte del emisor (p.ej. cuando ella aceptó el regalo, el joven indígena recibió el mensaje supuesto "¡Sí, quiero casarme contigo!").

"Los polos opuestos se atraen" – se puede aplicar este dicho también al encuentro intercultural entre los géneros. Amistades y matrimonios interculturales pueden ser algo encantador y algo que enriquece la vida, pero también son un desafío grande – especialmente en el área de la comunicación entre la pareja. Por eso, ya antes de comenzar una relación, es importante ser consciente de cuáles mensajes enviados probablemente no lleguen, o que puedan ser completamente mal interpretados. Eso, sin querer, puede causar emociones de rechazo en uno o en ambos cónyuges, aunque se amen mucho y tengan las mejores intenciones. Otro factor importante es, que en muchas culturas (especialmente donde predomina el colectivismo[35]), se considera un matrimonio no sólo como una unión entre dos individuos, sino como una unión entre dos familias. Si uno se casa con una persona de una cultura, donde ese es el caso, entonces, de cierta manera "se casa" también con su familia. Por un lado, eso puede ser una ganancia, porque uno comienza a formar parte de una red de relaciones más grande, que ofrece también cierta seguridad, estabilidad y apoyo. Por otro lado, formar parte de una nueva familia implica también ciertas obligaciones, y en muchos casos, los otros miembros también tienen expectativas no expresadas.

Diferencias entre distintos grupos de la sociedad

Esta parte del tema tiene que ver con la estructura social de la sociedad y la interacción de los distintos grupos de la sociedad. La forma del gobierno del país (democracia, monarquía, federalismo, centralismo etc.) juega un papel importante; de este depende qué instituciones hay, pero también si está permitido criticar al gobierno y hasta qué grado se puede hacerlo. La división de la población en estratos sociales ("clases"), incluso de clases que se basan en la religión, como el sistema de castas en la India, que se basa en la cosmovisión hindú, forma también parte de la temática. Este ejemplo nos muestra también la fuerte relación que existe entre la estructura

---

[35] Vea: "3.3. La relación entre el individuo y el grupo", pág. 59ss.

social y las suposiciones fundamentales y valores básicos de una cultura, que forman el núcleo interno en el modelo de capas. El período del nacionalsocialismo en Alemania, y el sistema de la segregación racial en Africa de Sur también son ejemplos que nos muestran, cómo una ideología – en este caso la evaluación de los seres humanos según la raza – puede determinar la posición de los miembros de una sociedad. Las suposiciones fundamentales y valores básicos no pueden ser cambiados fácilmente – tampoco por medio de una revolución, eso nos muestra la historia de Francia. "Libertad, igualdad, fraternidad" fue el lema de la Revolución francesa y lo es hasta hoy en día en la República Francesa. Sin embargo, también en la Francia de hoy, el poder y la autoridad son importantes; esto se manifiesta p.ej. en la relación entre los empleados y supervisores. Según Hofstede, la *"distancia al poder"* es una de las cinco dimensiones de culturas nacionales. Él define la *distancia al poder* como "el grado, en el que los miembros menos poderosos de instituciones u organizaciones de un país esperan y aceptan, que el poder está repartido de una manera desigual."[36] Según el índice de distancia al poder, que se basa en las amplias investigaciones de Hofstede, Francia pertenece con 68 puntos a los países con una elevada distancia al poder, mientras que Alemania pertenece con 35 puntos a los países con una baja distancia al poder.[37]

La diferente aceptación y el diferente manejo de diferencias en el poder, por supuesto afectan también la comunicación. Esto se manifiesta especialmente en el encuentro y la comunicación entre personas, que pertenecen a diferentes niveles de una jerarquía o a diferentes clases sociales. De la combinación de los factores culturales depende:

- quién inicia la conversación y de qué manera lo hace,
- qué términos utilizan para dirigirse al otro,
- quién dirige la conversación,

---

[36] Traducido por el autor; cita original: "das Ausmaß, bis zu welchem die weniger mächtigen Mitglieder von Institutionen bzw. Organisationen eines Landes erwarten und akzeptieren, dass Macht ungleich verteilt ist." Hofstede, *Lokales Denken, globales Handeln*, pág. 57s.
El quinto de los axiomas de Watzlawick dice: "La comunicación puede ser tanto simétrica como complementaria". *Simétrica* significa que los interlocutores tienen el mismo rango, o que intentan por lo menos reducir las diferencias de rango. *Complementaria* significa, que existen diferencias de rango entre los interlocutores. Una consecuencia es, que el interlocutor con el "rango superior" (mayormente) habla más que el del "rango inferior".
[37] Hofstede, *Lokales Denken, globales Handeln*, pág. 55.

- si el otro puede responder y cuándo,
- si está permitido contradecir y de qué manera puede expresarlo,
- si la persona con un rango inferior puede hacer sugerencias,
- etc.

En el encuentro de dos interlocutores que pertenecen a la misma cultura, normalmente las relaciones están claras y ambos saben como tratarse de una manera apropiada. Pero si los interlocutores tienen diferentes trasfondos culturales, fácilmente puede haber complicaciones, especialmente si uno de ellos pertenece a una cultura con una distancia al poder muy baja y el otro pertenece a una cultura con una distancia al poder muy elevada. En este caso es muy probable, que cada uno perciba la conducta del otro como algo extraño, o aún arrogante, desvergonzado y muy descortés. Especialmente los miembros de culturas con una distancia al poder baja, como p.ej. los alemanes, corren el peligro de no hablar con el debido respeto con sus interlocutores. Si uno quiere quedarse más tiempo en un país con una distancia al poder elevada, o aún quiere hacer allí negocios a largo plazo, es indispensable adaptarse a las realidades predominantes y comportarse de una manera adecuada – aunque le sea muy difícil.

La manera como las culturas manejan las diferencias entre las personas es significativo y puede ser relevante en muchas situaciones interculturales: en la relación entre el supervisor y el empleado, en la colaboración de los miembros de equipos interculturales en empresas u organizaciones, en el intercambio internacional de alumnos o estudiantes, o en las relaciones entre alumnos/estudiantes y maestros/profesores, al tener una cita en una oficina o embajada de otro país, donde se tiene que tratar con "personas de autoridad", etc.

Diferencias en la manera de adquirir prestigio

Los miembros de una sociedad se distinguen también en cuanto a su reputación o el prestigio que tienen. Muy relacionado con esto son la autoconsciencia y la autoestima, pero también el valor que se les da a otras personas. La manera de adquirir prestigio es diferente de cultura en cultura. Mayers[38] habla de los dos enfoques "estatus" y "el logro" como caminos diferentes para alcanzar la misma meta.

En las culturas que enfatizan el *estatus*, se hereda el prestigio; es decir, depende de la posición social de la familia, a la cual uno pertenece por nacimiento. Relacionado con el estatus está la

---

[38] Lingenfelter / Mayers, *Kulturübergreifender Dienst*, pág. 83ss.

expectativa de que la persona cumpla con los deberes de su ro ; esto puede implicar ciertos sacrificios o limitaciones. El cumplimiento de los deberes conforme a su rango puede ayudar a subir más en el rango. Normalmente se trata sobre todo, o exclusivamente, con personas del mismo rango, y también una boda digna es lo natural. Aunque una persona con un rango alto en la sociedad se comporte de una manera negativa, se le sigue mostrando respeto.

En las culturas que enfatizan el *logro*, no se le concede a un individuo automáticamente prestigio en base al rango que tiene su familia de origen en la sociedad; sino es necesario adquirirlo activamente. En estas culturas, el valor que se da a una persona depende de sus logros personales; la pregunta decisiva es: ¿qué ha logrado en su vida? Existe la disposición de aceptar ciertos sacrificios y limitaciones para tener todavía más éxito y ganar aún más prestigio. También en este caso es común "quedarse entre sí", es decir, mayormente se tiene trato con personas que han logrado algo parecido; pero en este caso, el origen o el estatus de estas personas no juegan un papel decisivo. En culturas orientadas al logro, se puede subir más en la escalera de éxito; pero de la misma manera es posible bajar en la escalera y perder el prestigio ganado a causa de fracasos y fallas. La mala conducta de una persona con prestigio resulta en la pérdida de respeto; los otros ya no siguen mostrándole respeto.

Si en una sociedad predomina la orientación al logro, entonces es posible que individuos con talento y rendimiento hagan una carrera exitosa y suban mucho en el rango social. En estas sociedades se puede realizar el sueño americano y pasar "de lavar platos a ser millonario". Pero si en una sociedad predomina la orientación al estatus, también es posible lograr algo con talento y trabajo duro; pero esto no significa que los miembros de los círculos con un rango más alto en la sociedad acepten a tal persona como a igual, porque su origen todavía juega un papel crucial.

Tanto la orientación al tiempo como la orientación a acontecimientos, la orientación al estatus y la orientación al logro son dos extremos en la orientación de valores. En cada sociedad, los dos aspectos tienen cierta importancia, y hay un enfoque principal que predomina. Por eso es importante para el encuentro intercultural, conocerse a sí mismo y saber p.ej. qué medidas se aplica para evaluarse a sí mismo y a los demás. Además es necesario investigar, cuales son los valores que rigen en la otra cultura, para estar preparado. También en este caso es necesario ser consciente, de que no solo lo que decimos envía un mensaje, sino que también la manera como nos comportamos. Prepararse para otra cultura es una tarea difícil.

En algunos países o culturas, una persona goza ya automáticamente de cierto estatus, solamente a causa de su "piel blanca" o su procedencia de un "país industrializado rico". Puede ser que uno forma parte de una clase social, a la cual la persona quizás no pertenece en su patria. Esto puede llevar a varias discrepancias y causar una crisis de identidad, porque uno no se siente parte de esta clase social ni se siente bien en ella. La discrepancia también puede manifestarse en el nivel económico, si uno forma parte de una clase social con gente que realmente tiene *mucho* dinero, pero uno mismo es "pobre" en comparación con esta gente, a pesar de proceder de un "país rico". Recibir cierto estatus como forastero en otra cultura implica normalmente un trato muy respetuoso y honrado de parte de los nativos. Una persona que no está acostumbrada a este trato, podrá percibirlo probablemente como algo "desagradable". Me recuerdo bien todavía del primer curso bíblico que realicé entre los Quechua del Pastaza. Cuando repartían el almuerzo, por supuesto hice fila como los otros participantes del curso. Me hicieron señales para adelantarme y me sirvieron de una olla, en la que habían cocinado un "menú especial" para mi. En aquella situación me sentía incómodo (avergonzado), pero decidí aceptarlo. Más tarde me di cuenta, de que esa era la manera de los Quechua para expresar su estima hacia mi persona, y me resultó más fácil aceptar este "trato especial". Un rechazo de mi parte probablemente habría herido y ofendido a los Quechua, porque les habría negado tratarme de una manera respetuosa. Especialmente profesores y docentes son muy reconocidos y respetados en algunas culturas. Para estudiantes de estas culturas puede ser un dilema, si un profesor extranjero, que enseña en su centro de capacitación, les pide que se dirijan a él solamente con su nombre y sin mencionar su título. Por un lado, los estudiantes quieren "respetar" el deseo de su profesor, y por otro lado están obligados a tratarlo – según su sentido cultural – "sin respeto".[39]

---

[39] Craig Ott, "Interkulturelles Mentoring". en: Müller, Klaus W.; Schirrmacher, Thomas (Hg.). *Ausbildung als missionarischer Auftrag: Referate der afem-Jahrestagung 1999*. Edition afem – mission reports 7. (Bonn: Verlag für Kultur und Wissenschaft, 2000), pág. 72.

Diferencias económicas

Ya se ha mencionado brevemente las diferencias económicas. En algunas culturas es común mostrar públicamente sus posesiones, porque está relacionado con el prestigio. El lema es "tanto vales cuanto tienes". En otras culturas rige el principio de la modestia; no se habla mucho de la prosperidad y de las posesiones ni se lo muestra públicamente. El tema "dinero" aún puede ser un tabú, según el dicho "del dinero no se habla, se posee". Claramente, también el respectivo uso de las posesiones es un "lenguaje". En las culturas, que enfatizan la modestia, hablar abiertamente de sus riquezas es percibido rápidamente como "fanfarronería" y causa el efecto contrario de lo que se quería lograr.

Preguntas para profundizar lo aprendido:
- ✓ ¿Qué opina y qué siente frente a las diferencias existentes entre los seres humanos? ¿Considera las diferencias más como una realidad que hay que aceptar, o como algo, que hay que eliminar?
- ✓ ¿De qué manera se evalúa a sí mismo y a los demás? ¿Qué hace que se sienta estimado? ¿Cómo evalúa el valor de otra persona? ¿Qué es más importante para Usted: origen y estatus, o rendimiento y logros?
- ✓ ¿Qué potencial de conflicto podría implicar su orientación de valores en el encuentro con personas de otras culturas, que tienen una orientación de valores opuesta a la suya? ¿Dónde correría el peligro de "meter la pata"?

3.3. La relación entre el individuo y el grupo

Las culturas se distinguen también en su forma de manejar la relación entre el individuo y el grupo – con efectos respectivos en el estilo de comunicación. Las orientaciones de valores "*individualismo*" y "*colectivismo*" describen este aspecto cultural (al inicio de este capítulo, en la página 45, ya se ha mencionado estas dos dimensiones en relación con el cuadrado de valores).
En culturas con una orientación *individualista*, el individuo se considera como una personalidad propia, con su propia identidad y la libertad de acción. Ya en la educación tiene mucha importancia que un ser humano sea capaz de dar "pasos firmes" yendo "por su propio camino" y de cuidado de sí mismo. Los niños son animados a desarrollar su propia opinión y a comunicarla. Deben aprender a

tomar sus propias decisiones. También son motivados a expresar sus propios deseos. En culturas individualistas los lazos con otras personas son más relajados. Las amistades se hacen voluntariamente, es necesario cultivarlas y no necesariamente duran "para siempre".

En culturas con una orientación *colectivista*, los niños (normalmente) crecen en una familia amplia (en culturas individualistas mayormente en una familia nuclear, es decir, una familia formada por los miembros de un único núcleo familiar, esto es, una pareja y sus hijos). De este modo, el individuo aprende tempranamente a considerarse como parte del grupo. Su propio grupo, el "nosotros" le da identidad. En un encuentro con otra persona, que pertenece a un grupo diferente, en primer lugar no tiene que ver con otro "individuo" independiente, sino con el miembro de otro grupo ("ellos", "los otros"). Quizás se puede expresar de la siguiente manera: En el caso del individualismo, el "yo" tiene un encuentro con el "tú"; en el caso del colectivismo, el "nosotros" se encuentra con el "ustedes". El grupo ofrece protección, ayuda y sustento por toda la vida. Sin embargo, se espera de los miembros lealtad, subordinación de sus propios deseos a las necesidades del grupo, así como el respeto hacia los otros miembros del grupo. Si un miembro del grupo se comporta mal, su mala conducta no recae solo en la persona respectiva, sino en el grupo entero, al cual pertenece ("culpabilidad por parentesco"). Se espera de los miembros que no traigan vergüenza sobre el grupo (la familia). Entonces, en culturas colectivistas existen lazos fuertes entre los miembros del grupo con las obligaciones correspondientes.

Estas dos orientaciones fundamentales, el *individualismo* y el *colectivismo*, afectan al estilo de comunicación. Para personas con una orientación *individualista* es algo natural, tener su propia opinión y hablar por sí mismo – porque eso es lo que se espera de ellas. A personas con una orientación *colectivista*, esto les resulta difícil, porque para ellas, el consenso de grupo predomina. Si aparece un tema completamente nuevo, primero se discute dentro del grupo, buscando un consenso. En el proceso de formar una opinión, el rango de los miembros dentro del grupo tiene peso. El grado de tomar la iniciativa dentro del grupo, depende del rango o del rol del miembro. En algunas culturas, los miembros evitan a todo costo distinguirse del grupo, entre otros, porque tendría consecuencias. Un proverbio chino expresa este principio de la siguiente manera: *"El clavo que sobresale siempre recibe un martillazo."* Intentos de distinguirse del grupo son sancionados hasta que el miembro vuelve a su lugar. En culturas individualistas es considerado como algo

positivo y deseado, si una persona toma la iniciativa por sí mismo. Al formar parte de un equipo intercultural de trabajo, los miembros con un trasfondo colectivista van a comportarse según su rango en el grupo. Los miembros con un trasfondo individualista corren en este caso el peligro de interpretar y condenar la conducta de sus colegas como una "falta de iniciativa", una "falta de ideas", o la "falta de una opinión propia". Al revés, los miembros con un trasfondo colectivista podrían percibir la fuerte participación y la iniciativa propia de sus colegas individualistas como algo inapropiado, como intentos de distinguirse del grupo o aún como un comportamiento irrespetuoso.
La forma individualista de pensar se funda en valores, que personas con un trasfondo colectivista no pueden comprender así no más. Esto incluye entre otros, la lucha por la auto-realización (*"No sueñes tu vida, vive tu sueño."*), especialmente si sucede con una independencia completa y sin considerar la opinión y los intereses del grupo, al cual uno pertenece. La siguiente declaración, que se encuentra en una de las obras del cantante alemán Udo Lindenberg, sería impensable para gente con un trasfondo colectivista: *"Yo hago vida (o lo que quiero), no importa lo que digan los demás..."*[40]

En *culturas individualistas*, uno no puede suponer que pertenece automáticamente a cierto grupo. Mientras que no haya recibido una invitación explícita, su presencia en una reunión o en una fiesta no necesariamente es deseada. Es decir, normalmente se espera una invitación explícita u otra señal que indique, que se puede o debe participar. Según el tipo del evento, si no se trata de un "evento público" donde por supuesto todos pueden participar, se puede o se debe pedir explícitamente permiso para poder participar. Si uno participa sin haber sido invitado, corre el peligro de ser despedido. También es posible poder quedarse como una persona "tolerada", pero uno se da cuenta de que su presencia no necesariamente es deseada.

En *culturas colectivistas*, el individuo puede suponer que pertenece al grupo, aunque no se le ha expresado explícitamente, por ejemplo, por medio de una invitación. El hecho de pertenecer a cierta familia o su círculo de amigos, de asistir a cierto colegio, de trabajar en cierta empresa u organización etc., en muchos casos es suficiente, para poder participar en un evento sin tener que pedir permiso. Así se

---

[40] Traducido por el autor; cita original: *„Ich mach mein Ding, egal was die anderen sagen ..."*

considera p.ej. también a un forastero, que esta hospedado temporalmente en una familia, como miembro del grupo se le lleva a los eventos comunitarios.

En culturas colectivistas, la gente raras veces está sola. Mayormente se pasa muy poco tiempo solo, exclusivamente consigo mismo. Normalmente, la gente no quiere estar sola o que se les "deje en paz". Por eso van a sentirse muchas veces solitarios en un ambiente con orientación individualista. Personas con un trasfondo individualista sienten al revés: A veces, todo es "demasiado" para ellos; anhelan que "se les deje en paz" por algún tiempo para que puedan tener "tiempo para sí mismos". Si las personas en los casos mencionados están alojados en una familia, sus anfitriones van a actuar con las "mejores intenciones". Pero van a actuar según su propio trasfondo cultural. En el primer caso, puede suceder que su huésped se siente abandonado o aún indeseable (el recibe un mensaje que no ha sido enviado); en el segundo caso puede ser que el huésped se siente "sobrecargado" y que está sufriendo de una "sobreestimulación". Si se retira, porque necesita tiempo para "descansar", es probable que sus anfitriones se sientan ofendidos.

En culturas individualistas puede suceder, que dos personas hacen planes en presencia de otros, sin involucrarlos. Por ejemplo, un grupo de colegas está almorzando en la cantina. Dos de los colegas, que son buenos amigos, están planificando una actividad para su tiempo libre, aunque sus colegas presentes, que escuchan la conversación, no están invitados. En una cultura colectivista, los colegas presentes, que no están involucrados, considerarían tal conducta como una falta de cortesía. También sería una falta de tacto, si se retiraran de sus colegas para planificar, sentándose junto a la mesa vecina que está libre, para tener una "conversación privada". En culturas colectivistas, normalmente se procura elegir un momento y un lugar adecuado para conversar sobre "asuntos particulares", con el objetivo de evitar, que otros se sientan excluidos.

Preguntas para profundizar lo aprendido:
✓ ¿Se siente más orientado al individualismo o al colectivismo?
✓ ¿Se acuerda de encuentros con personas, cuya orientación respecto a esta orientación de valores era distinta a la suya? ¿Había algo que le parecía "extraño", "raro" o aún "completamente incomprensible"?

3.4. Manejo del éxito, el fracaso y conducta errónea

Tener éxito, o bien, tener que manejar el fracaso y un comportamiento erróneo, está relacionado con emociones intensas. Especialmente en el caso de conducta errónea– sea la propia o la de otros – se manifiestan emociones que pueden expresarse como sentimientos de vergüenza o sentimientos de culpa. Mayers[41] está distinguiendo entre las siguientes dos orientaciones de valores opuestos: el *"temor a quedar en evidencia (o estar expuesto)"* y el *"valor a ser expuesto (o a la exposición)"*.

En las culturas orientadas al *temor a quedar en evidencia*, se intenta "guardar las apariencias" en cualquier caso, es decir, se evita estar expuestos. Como se necesita por lo menos a dos personas para poder exponer a alguien, el principio de evitar la exposición está vigente para todas las personas presentes en un encuentro. Procurarán controlarse a sí mismos y evitar errores para "no perder la cara". Si es posible, se niega tanto las propias fallas como tener la culpa. En China, se utiliza el término "la cara" como metáfora para hablar de la temática. Se habla de "cuidar las apariencias" (literalmente "la cara") o de "perder la cara" (el quedar expuesto, estar avergonzado), y aún de "darle cara a alguien" ("gei-mian-zi"[42]). Esto significa, tener cuidado de no provocar situaciones desagradables, que podrían causar la exposición del otro. Es decir, no se evita solamente la exposición de sí mismo, sino también la del otro. Los objetivos son procurar mantener una convivencia armoniosa y proteger la honra y la dignidad del otro. Revelar las fallas o las debilidades del otro, tratarlas abiertamente o aún criticarlas, perturba la armonía. Lo mismo pasa, si alguien acentúa demasiado sus propias capacidades, habilidades y éxitos, causando la exposición de los demás, que en comparación, parecen ser solamente mediocres o aún fracasados. Sherwood Lingenfelter informa sobre competiciones deportivas en las islas Yap, donde el ganador se esforzaba de no dejar demasiado atrás a los otros corredores. Si la distancia hubiera aumentado demasiado, sus camaradas habrían terminado antes de llegar a la meta y salido de la pista. Los espectadores se burlarían de él, considerándolo un fanfarrón que avergüenza a sus camaradas.[43]

Una parte importante de esta dimensión de valores es la formación y la reacción de la conciencia (en la psicología se habla del Superyó).

---

[41] Lingenfelter / Mayers, *Kulturübergreifender Dienst*, pág. 92ss.

[42] Forum China, *Mianzi: Das Gesicht verlieren und geben in China.* http://www.forumchina.de/mianzi-gesicht-china (05.02.2013).

[43] Lingenfelter / Mayers, *Kulturübergreifender Dienst*, pág. 92.

La conciencia se forma ya en la infancia temprana, durante el proceso de la socialización (enculturación). Durante este proceso es relevante, si la socialización sucede dentro del marco de una familia grande y/o un entorno rural, o si sucede en una familia nuclear y/o el entorno de una ciudad.

Si un niño crece en una familia grande y/o en un entorno rural, tiene muchos personas de referencia y recibirá una orientación más hacia el colectivismo. Si se comporta mal, su conciencia reaccionará más con sentimientos de vergüenza y menos con sentimientos de culpa. En este contexto se habla también de *una "conciencia orientada a la vergüenza"*[44]. *El temor del quedar en evidencia* y la *orientación de la conciencia a la vergüenza* marchan juntos. Los miembros de una cultura orientada a la vergüenza evitarán a toda costa, que su mala conducta salga a la luz. Si en algún momento llega a ser público, se niega todo hasta que ya no sea posible. Si uno se siente muy avergonzado, puede ocurrir que se retira del lugar para no volver hasta que el asunto haya sido olvidado – si realmente llegara a regresar. En algunas culturas también puede suceder que la persona, que descubre una falla o un delito, es considerada como "la mala", porque ha expuesto a la otra persona. Sin embargo, la orientación a la vergüenza no significa que se evite el quedar expuesto y la vergüenza de una persona en cada caso. También es posible utilizar el quedar expuesto y la vergüenza como "medidas educativas". A veces se hace esto con niños que no quieren obedecer, o con personas que infringen leyes u otras normas sociales. Por ejemplo, una y otra vez, se puede ver reportajes en la televisión peruana, donde se muestra a los delincuentes detenidos con las manos esposadas, "exponiéndolos públicamente". Algo parecido se hacía en tiempos antiguos en Alemania cuando exponían a la gente en la picota. La vergüenza puede tener un efecto disuasivo y ser utilizada para controlar la conducta o para lograr el cumplimiento de normas.

La antípoda al *temor a quedar en evidencia* es *el valor ser expuesto*. Hay culturas, en las cuales no es nada grave cometer errores. "Errar es humano" y "nadie es perfecto". Por eso, no es necesario moverse solamente en un terreno seguro y evitar errores a toda costa; al contrario, se atreve a andar nuevos caminos, porque "¡el que no arriesga no gana!" La gente no se siente expuesta a causa de un fracaso o error, sino que lo consideran una chance para aprender.

---

[44] Lothar Käser, *Fremde Kulturen*, pág. 129ss.

Resulta más fácil admitir y reconocer fallas o una mala conducta, aunque signifique que habrá un castigo u otras consecuencias.

El valor a ser expuesto también está muy relacionado con la formación de la conciencia. En este caso, la socialización del individuo sucede mayormente dentro del marco de una familia nuclear y/o el entorno de una ciudad. El niño tiene pocos referentes y recibirá una orientación más hacia el individualismo. Si se porta mal, su conciencia reaccionará más con sentimientos de culpa y menos con sentimientos de vergüenza. Por eso, se habla en este contexto de una *"conciencia orientada a la culpa"*. Por tanto, aquí tenemos la combinación entre *el valor a ser expuesto* y la *orientación de la conciencia a la culpa*. Si se infringe una norma, los sentimientos de culpa pueden ser muy fuertes y deprimentes, y es más difícil ocultar el asunto permanentemente. Al admitir y reconocer la mala conducta y la culpa, se experimenta un alivio para la conciencia. En países, donde predomina la orientación de la conciencia a la culpa, se escucha de vez en cuando en las noticias de delincuentes, que se entregaron a sí mismos a la policía, porque ya no aguantaban la presión y querían aliviar su conciencia.

A veces, se acusa a personas con una orientación de la conciencia a la vergüenza de que "no tienen conciencia", sin embargo, no es así. Igual que a personas con una orientación de la conciencia a la culpa, en el caso de comportarse mal, también son muy conscientes de que han infringido normas. Pero su conciencia reacciona de una manera diferente, con sentimientos de vergüenza y no con sentimientos de culpa. Por está razón tratan con la culpa de una manera distinta.

¿De qué manera afectan la orientación a la culpa y la orientación a la vergüenza al estilo de comunicación? Si se encuentran representantes de estas dos orientaciones, el encuentro puede ser difícil y complicado. Especialmente afecta la franqueza, con la que se puede comunicar. Las culturas con *valor a ser expuesto* practican normalmente más un estilo directo de comunicación (vamos a retocar este tema en el capítulo siguiente), mientras que las culturas con *temor a quedar en evidencia* se comunican más indirectamente. Uno prefiere la conversación franca, pero eso es un dilema grande para el otro. Mientras que uno habla francamente sobre cualquier asunto, incluso de los fracasos propios y ajenos, el otro puede sentir tanta vergüenza y una perplejidad embarazosa que ya no sabe qué decir. Si se pide entonces al interlocutor orientado a la vergüenza que hable "francamente" de sí mismo, éste se sentirá abrumado. Es muy probable que no revelará nada relevante de sí mismo, para evitar una posible exposición de parte del otro. Mientras que uno de los interlocutores es muy transparente y no evita revelar también sentimientos negativos, el otro reaccionará de una manera reservada y ocultará sus sentimientos durante un largo tiempo. Alguien que tiene *temor a quedar en evidencia*, está inclinado a ocultar asuntos privados. Su orientación de valores requiere un autocontrol fuerte, especialmente de sus propias emociones. En algunas culturas se manifiesta este autocontrol en la expresión de la cara, que parece mostrar una sonrisa permanente. Pero cuando se llega al punto, donde la presión interior ha aumentado demasiado, puede suceder que la persona explota inesperadamente y muy fuerte. Esto implica mayormente una "pérdida de la cara" que puede estorbar la relación permanentemente. En algunas culturas, el alcohol cumple la función de una válvula. Cuando la gente ha bebido demasiado, disminuye el autocontrol y las inhibiciones. Eso puede causar, que dejan salir las frustraciones acumuladas sin filtrar. Pero en este caso, no necesariamente "pierden la cara", porque en aquel momento no estaban en su "sano juicio"; el alcohol era el "responsable".

Hasta qué grado y de qué manera se puede hablar sobre la mala conducta y la culpa, influye también el modo de solucionar conflictos. En culturas, donde predomina *el valor a ser expuesto*, es posible enfrentar y corregir al otro franca y directamente. También resulta más fácil comentar la conducta del otro y recibir comentarios. En culturas, donde predomina el *temor a quedar en evidencia*, la sinceridad y la franqueza a menudo causan incluso más problemas, porque el otro se siente expuesto y humillado. Como se practica en estas culturas mayormente un estilo indirecto de comunicación, también es usual tratar conflictos de una manera indirecta. Se comunican malas noticias o críticas por medio de otra persona. Esta tercera persona, que cumple el papel de un "mediador", debería gozar de la confianza de ambos partidos. Personas que practican un estilo de comunicación directo y que tienen *valor a ser expuestos*, consideran este procedimiento como algo "imposible" o como "hablar a sus espaldas". Sin embargo, en una cultura *orientada a la vergüenza*, este procedimiento es considerado como una conducta respetuosa, especialmente entre adultos. Enfrentar a un adulto directamente significaría tratarlo como si fuera un niño.

Pero no solamente el enfrentamiento de una mala conducta puede causar complicaciones en una cultura con *temor a quedar en evidencia*, sino también la alabanza del éxito y del buen rendimiento. Lingenfelter indica que un alumno en Micronesia, que ha sido alabado delante de sus compañeros de clase, está expuesto a severas críticas de parte de sus compañeros. Es considerado como un "ambicioso" que quiere bajar la reputación de los otros por medio de su buen rendimiento. ¡La alabanza del profesor puede causar el efecto, de que el alumno haga un mal trabajo a propósito por varias semanas![45]

El valor a ser expuesto y el temor a quedar en evidencia son dos extremos en el cuadrado de valores. La mayoría de las culturas tiende más a un lado o al otro lado. Los ejemplos mencionados de las Islas del Pacífico son manifestaciones extremas de la orientación a la vergüenza.

El cuadrado de valores nos muestra, de qué manera pueden degenerar estas dos dimensiones de valores hacia un "anti-valor", y cuáles podrían ser los reproches que se hacen a los representantes respectivos del otro lado:

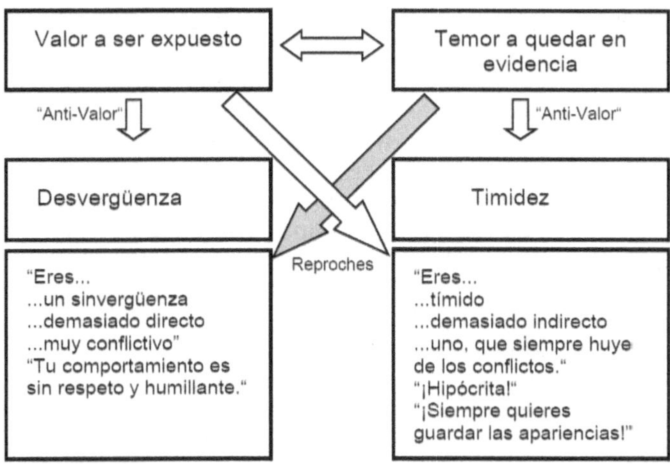

Preguntas para profundizar lo aprendido:
- ✓ ¿Qué predomina en su vida: valor a ser expuesto o temor a quedar en evidencia?
- ✓ ¿Cuáles son sus sentimientos predominantes cuando se ha comportado mal: sentimientos de culpa o sentimientos de vergüenza?

---

[45] Lingenfelter / Mayers, *Kulturübergreifender Dienst*, pág. 93.

✓ ¿Se acuerda de encuentros con personas, cuya orientación respecto a esta orientación de valores era distinta a la suya? ¿Qué ha sentido? ¿Cómo ha reaccionado? ¿Qué explicación tiene para estos sentimientos y reacciones?

3.5. La importancia de lograr los objetivos

Las culturas se distinguen también en cuanto a la importancia de objetivos. Muchas veces, esto afecta directamente la relación con el trabajo ("vivir para trabajar" o "trabajar para vivir") así como la realización y ejecución de proyectos ("el viaje es la meta" o "la meta es la meta"). Otro aspecto es la disposición para trabajar y la dedicación a la tarea para tener éxito.

Hofstede menciona en este contexto la *orientación a largo plazo* y la *orientación a corto plazo* como una dimensión de culturas nacionales.[46] Interesantemente, se descubrió esta dimensión al realizar una investigación de valores chinos (Chinese Value Survey). La investigación reveló especialmente las relaciones estrechas entre los valores nacionales en Asia y las enseñanzas de Confucio (el núcleo interno del modelo de capas). Especialmente las virtudes de una buena educación y capacitación, trabajo duro, ahorro, así como paciencia y perseverancia juegan un papel importante. Hofstede define la *orientación a largo plazo* de la siguiente manera: "cultivar las virtudes que enfocan el éxito en el futuro, especialmente la perseverancia y el ahorro.[47] La definición de la *orientación a corto plazo* es: "cultivar las virtudes que están relacionadas con el pasado y el presente, especialmente el respeto a las tradiciones, "cuidar las apariencias" y el cumplimiento de obligaciones sociales."[48] También esta antípoda contiene valores del confucionismo, por ejemplo el respeto a los padres y cuidar las apariencias; pero en la investigación (Chinese Value Survey) son asociados con el colectivismo.[49] El aspecto sobresaliente de la orientación a largo plazo es

---

[46] Hofstede, *Lokales Denken, globales Handeln*, pág. 270ss.
[47] Traducido por el autor; cita original: „das Hegen von Tugenden, die auf künftigen Erfolg hin ausgerichtet sind, insbesondere Beharrlichkeit und Sparsamkeit." Hofstede, *Lokales Denken, globales Handeln*, pág. 274.
[48] Traducido por el autor; cita original: „das Hegen von Tugenden, die mit der Vergangenheit und der Gegenwart in Verbindung stehen, insbesondere Respekt für Traditionen, Wahrung des „Gesichts" und die Erfüllung sozialer Pflichten." Hofstede, *Lokales Denken, globales Handeln*, pág. 274.
[49] Hofstede, *Lokales Denken, globales Handeln*, pág. 276.

indudablemente la fuerte perseverancia, relacionada con la disposición a la abstención, para tener éxito a largo plazo. Eso explica también la tremenda ganancia de terreno en la economía de los países denominados como "Tigres Asiáticos"[50] en el siglo XX; todos estos países alcanzaron un alto valor en la orientación a largo plazo.[51]

Mayers distingue con respecto a la importancia de objetivos los dos valores: *"orientación a las metas"* y *"orientación hacia la persona"*.[52] Sin embargo, estos valores no son comparables con la *orientación a largo plazo* y *la orientación a corto plazo* del modelo de Hofstede.

La *orientación a las metas* da prioridad al cumplimiento de tareas y de los objetivos. Personas con una orientación a las metas están contentas cuando han logrado un objetivo y han podido terminar un proyecto exitosamente. Aunque hayan logrado un objetivo, nunca se aburren, porque en su lista de quehaceres están anotadas más tareas y proyectos. Corren el peligro de querer lograr más de lo posible en el tiempo disponible. El resultado es el ajetreo y algunos se convierten aún en adictos al trabajo. Para lograr objetivos están dispuestos a hacer sacrificios; estos pueden afectar las relaciones con la familia y causar soledad. Otro peligro de estas prioridades puede ser, que otras personas son vistas sólo según su función, como una pieza en el proceso de trabajo.
En el caso de la *orientación hacia la persona*, las relaciones y la comunión tienen prioridad. Los que tienen una orientación a la persona están contentos, si pueden establecer y cultivar buenas relaciones con otros. Para ellos, buenas relaciones son "un objetivo" que vale la pena; es más importante que cumplir tareas y lograr objetivos. Experimentar comunión es más importante que terminar un proyecto rápidamente. La consecuencia es, que los trabajos progresan más lentamente y los proyectos demoran más tiempo de lo planeado.

---

[50] Japón, Hong Kong, Taiwán, Corea del Sur y Singapur
[51] Hofstede, *Lokales Denken, globales Handeln*, pág. 274s.
[52] Lingenfelter / Mayers, *Kulturübergreifender Dienst*, pág. 70ss.
En su libro, Susanne Doser está utilizando los términos *orientación a las tareas* y *orientación a las relaciones* casi con el mismo significado que Mayers, que utiliza los términos *orientación a las metas* y *orientación hacia la persona*. Susanne Doser, *30 Minuten für interkulturelle Kompetenz* (Offenbach: GABAL, 2006), pág. 39.

La descripción de estas dos dimensiones de valores ha dejado en claro, que existe una tensión entre ellos. Fácilmente puede haber disonancias, si uno con orientación hacia la persona se encuentra con alguien con orientación a metas. Porque en este caso, la orientación de valores afecta también al estilo de comunicación. Para personas con *orientación a metas*, "la meta" tiene prioridad. Por eso, normalmente llegan inmediatamente y directamente ("sin rodeos") "al grano"; para ellos, "dar vueltas" es una pérdida de tiempo. En el entorno profesional, normalmente hay una separación estricta entre la profesión y la vida privada, y las conversaciones se limitan sustancialmente a los asuntos de negocio. En conversaciones con (futuros) compañeros de negocios, la pericia y las condiciones son lo más importante. Acuerdos contractuales son obligatorios.

Gente con una orientación hacia la persona, primero habla sobre asuntos personales. Preguntan por el bienestar del interlocutor y de su familia. Al comienzo de una conversación, primero quieren crear una atmósfera calurosa y establecer confianza. Recién después de algún tiempo se trata también las preguntas específicas y los asuntos relacionados. En el entorno profesional, no hay una separación estricta entre la profesión y la vida privada, sino que están mezclados. En conversaciones con posibles compañeros de negocio, es muy importante conocerse y establecer una relación de confianza. Si hay un cambio del empleado responsable (representante, gerente) en la empresa, la relación de negocios no necesariamente continuará. Si el vendedor cambia su puesto de trabajo, yéndose a otra empresa del mismo ramo, es muy probable que también sus clientes se cambiarán a la nueva empresa.

Personas con una orientación a las metas tienen otro enfoque al codificar y descodificar mensajes, que las con una orientación hacia la persona. En el cuadrado de comunicación (los cuatro lados del mensaje, vea la página 18), o el contenido fáctico o la relación va a tener un peso más fuerte. Al escuchar un mensaje, el oído objetivo o el oído de relación será más grande; esto puede dar lugar a malentendidos.

Especialmente en el caso de relaciones económicas internacionales o en la colaboración para el desarrollo, donde lograr objetivos y la ejecución exitosa de proyectos están en el primer plano, ¡de ninguna manera se debe descuidar el aspecto de las relaciones! Especialmente en este caso habrá con gran probabilidad un encuentro entre socios, el uno con una orientación a las metas y el otro con una orientación a la persona. El éxito de los proyectos, no dependerá en primer lugar de los conocimientos técnicos, sino del éxito en las relaciones. Eso significa una exigencia especial para el socio con una orientación a las metas. Por un lado, tienen que invertir mucho esfuerzo en las relaciones, una área que normalmente no está tan desarrollado en su vida personal. Por otro lado sienten la presión de parte de sus superiores con una orientación a metas y/o de parte de los financistas de los proyectos, que se interesan en primer lugar por los "resultados".

Preguntas para profundizar lo aprendido:
- ✓ ¿Qué predomina en su vida: la orientación a las metas o la orientación hacia la persona?
- ✓ ¿Se acuerda de encuentros con personas, cuya orientación respecto a esta orientación de valores era distinta a la suya? ¿Cómo se ha desarrollado la conversación? ¿Qué ha echado de menos; qué habría deseado? ¿Qué haría diferente la próxima vez?

3.6. Enfrentando posibles crisis

Hay muchos tipos de crisis que pueden afectarnos: enfermedades, accidentes, crisis económica o crisis financiera, guerras, cataclismos etc. La naturaleza de una posible crisis es, que sabemos que puede suceder, pero no sabemos cuando será. Naturalmente, esto causa incertidumbre y miedo. En las diferentes culturas, la gente ha desarrollado distintas estrategias, para hacer frente a posibles crisis y a la incertidumbre asociada. La cosmovisión, filosofía y religión de la población influye sustancialmente en la estrategia adoptada.
Hofstede habla en este contexto de *evasión de la incertidumbre* como una dimensión de culturas nacionales.[53] Él define *evasión de incertidumbre* como el "grado al que los miembros de una cultura se sienten amenazados por situaciones ambiguas o desconocidas."[54] La ambigüedad o lo desconocido puede causar vagos temores, que son intangibles y que causan una tensión subliminal permanente. A culturas con un alto valor en el índice de evasión de incertidumbre (p.ej. la cultura latina, la cultura romana y los países del Mediterráneo), les resulta difícil soportar esta incertidumbre. No les gustan las situaciones ambiguas, por eso tienen la tendencia de

---

[53] Hofstede, *Lokales Denken, globales Handeln*, pág. 214ss.
[54] Traducido por el autor; cita original: „Grad, bis zu dem die Mitglieder einer Kultur sich durch uneindeutige oder unbekannte Situationen bedroht fühlen." Hofstede, *Lokales Denken, globales Handeln*, pág. 220.

intentar reducir esta ambigüedad. Pero esto de ninguna manera significa una reducción del riesgo, porque en cierto sentido se puede "calcular" los riesgos. Es la razón de que paradójicamente personas de culturas que quieren evitar incertidumbre, "a menudo están dispuestos a lanzarse a conductas de riesgo, para evitar incertidumbres, p.ej. comenzando una lucha con un posible adversario, en vez de esperar tranquilamente."[55]

Mayers describe estrategias diferentes para hacer frente a posibles crisis distinguiendo entre *"prevención de crisis"* y *"serenidad"*.[56] Estas dos orientaciones básicas describen tanto la *actitud frente a una posible crisis* como también la *manera como se intenta hacer frente a una crisis aguda.*
En culturas con una orientación a la *prevención de crisis*, se procura estar preparado de la mejor manera posible y de evitar crisis. Por eso, se enfatiza mucho la prevención. Se intenta averiguar ya antes de ocurrir una posible crisis, qué podría pasar y qué podría andar mal. A la vez, se tiene una inclinación al pesimismo y se presupone el peor caso posible, proyectando el peor escenario ("worst case"). Se aprecia mucho el consejo de los expertos y con su apoyo se elaboran planes para las crisis. Se practica activamente una gestión de crisis, que programa para cada situación una acción fijamente prescrita a la cual se puede recurrir. En el caso de una crisis se puede contar con soluciones rápidas y evitar incertidumbres.
En culturas con una actitud de *serenidad*, se confía menos en el consejo de expertos y más en su experiencia propia. La gente es más optimista y supone que el peor caso posible ocurrirá rara vez o nunca. Si se acerca una crisis, primero se espera y observa, cómo se desarrollan las cosas; con la tendencia de posponer las decisiones. Se reacciona muy flexible y espontáneamente, según la situación, y no se procura aclarar todas las preguntas de antemano ni de establecer una sola solución.

Ambas orientaciones básicas, *prevención de crisis* y *serenidad*, tienen tanto lados positivos como lados negativos. Por medio de una planificación previsora y la prevención se puede evitar mucho daño. Pero también hay situaciones, como p.ej. el accidente nuclear de

---

[55] Traducido por el autor; cita original: „häufig bereit, sich in riskante Verhaltensweisen einzulassen, um Uneindeutigkeiten zu vermeiden, z.B. einen Kampf mit einem potenziellen Gegner zu beginnen, statt ruhig abzuwarten." Hofstede, *Lokales Denken, globales Handeln*, pág. 225.
[56] Lingenfelter / Mayers, *Kulturübergreifender Dienst*, pág. 59ss.

Fukushima, que exceden aún el peor escenario y donde fracasan aún los mejores planes para la crisis. Estas situaciones requieren acciones rápidas, flexibles y aún poco convencionales.[57]

Si alguien, que pertenece a una cultura con una orientación a la prevención de crisis, llega a un país donde predomina la actitud de la serenidad, muy fácilmente puede "obtener una crisis". Por ejemplo, viajando en un autobús con neumáticos muy usados y con frenos, que ya no funcionan como deberían, que corre como loco por la carretera en la sierra junto a un abismo profundo. Frente al propio nerviosismo aumentado del extranjero, un nativo puede preguntarse todavía muy relajadamente: "¿Qué le pasa a ese gringo?" Si uno mismo esta programado a evitar crisis y advierte a nativos de peligros, entonces, ellos no necesariamente van a percibir este peligro de la misma manera como amenaza que el extranjero. Especialmente la apelación en el mensaje ("¡Es peligroso, tienen que actuar!") puede perderse y causar frustraciones correspondientes. En la situación de una crisis aguda aún puede haber malentendidos fatales y un colapso completo de la comunicación. Lingenfelter cuenta la historia de un piloto estadounidense, que volaba para el servicio de aviación de un agencia misionera.[58] Este piloto estaba llevando a un herido de una de las islas a la principal isla de Yap. El paciente sangraba mucho, así que el piloto se comunicó con el hospital pidiendo que enviaran una ambulancia. El personal del hospital tenía una actitud de serenidad; apenas habían experimentado una crisis real y llamadas de emergencia para enviar una ambulancia había muy raras veces. Por eso no reconocieron la seriedad de la situación y la ambulancia no estaba presente cuando el piloto aterrizó en el aeropuerto. El paciente falleció en la avioneta y recién media hora después llegó la ambulancia. Cuando el conductor de la ambulancia se enteró que el piloto estaba muy molesto, regresó inmediatamente y dejó al piloto encargarse del cadáver.

Especialmente en situaciones de crisis o de peligros tenemos que contar con la posibilidad, de que otras personas tengan otro sentir en cuanto a la urgencia, que nosotros mismos. En estos momentos puede ser de ayuda hacerse las preguntas siguientes:

---

[57] El caso de Fukushima se hizo más difícil, porque las competencias de los empleados locales eran limitadas; por eso, las soluciones sugeridas tuvieron que pasar primero por todas las jerarquías para recibir el visto bueno de "los de arriba" antes de ser realizadas. Con eso se perdió tiempo valeroso. Es decir, la manera como se actúa en una crisis aguda no depende solo de la orientación de valores frente a posibles crisis, sino también de otros factores determinados por la cultura.

[58] Lingenfelter / Mayers, *Kulturübergreifender Dienst*, pág. 66.

- ➢ ¿Cuán grave y agudo es el problema realmente?
- ➢ ¿Qué puede pasar, si no se actúa inmediatamente?
- ➢ ¿Qué puedo hacer, si la emergencia llega a ser realidad?

Especialmente en situaciones interculturales es un error, suponer que utilizar palabras sea suficiente para entenderse mutuamente. La actitud personal en cuanto a posibles crisis influenciará y estorbará la comprensión. El resultado puede ser, que la gente no reconozca la seriedad de la situación, o que la sobrevaloren y entren en pánico sin razón. Ambos puede tener consecuencias serias.

Preguntas para profundizar lo aprendido:
- ✓ ¿Hasta qué grado se siente amenazado por medio de situaciones ambiguas o desconocidas? ¿Cómo evaluaría su tendencia de evitar la incertidumbre (p.ej. en una escala de 1 a 10)?
- ✓ Frente a la posibilidad de crisis: ¿Predomina la prevención de crisis o la serenidad?
- ✓ ¿Ya ha experimentado crisis, donde otras personas actuaron o reaccionaron completamente distinto a lo que Usted esperaba? En el caso que sí: ¿cuál ha sido la diferencia y cómo lo explicaría?

3.7. Diferencias en la forma de pensar

La forma como piensa una persona, depende de la cultura donde crece. Su forma de pensar determina, qué conclusiones está sacando y cómo está evaluando las cosas. Entonces, su forma de pensar influye en evaluaciones y en valores. Hay diferentes intentos, para describir estas diferencias en la forma de pensar. En general se esta hablando del "*pensamiento occidental*" y del "*pensamiento no occidental*" o "*pensamiento oriental*". También Mayers hace una bipartición, que vamos a conocer primero; él distingue entre el "análisis" y la "síntesis".[59] Después vamos a conocer una tripartición, que nos presenta David Hasselgrave. Pero por ahora vamos a comenzar con el modelo de Mayers:
En el *análisis*, como ya nos indica el término, se *analiza*. Es decir, al hacerlo se investiga una cosa o un asunto sistemáticamente, desmontándolo en sus componentes. En este caso se está

---

[59] Lingenfelter / Mayers, *Kulturübergreifender Dienst*, pág. 46ss.

74

enfocando mucho los detalles. El peligro de esta forma de pensar es, perder de vista el total por fijarse tanto en los detalles. Los resultados del análisis se sistematiza y se les asigna a determinadas categorías. Además se intenta derivar de los resultados del análisis principios universales que se pueden aplicar después a cuestiones y situaciones que están surgiendo recientemente. Una característica del razonamiento analítico es, que se pueden expresar hechos de una manera muy compacta y abstracta.

En la *síntesis*, es decir el razonamiento *sintético* u *holístico*, siempre se enfoca el conjunto. Eso no sólo significa, que nunca se extraen los componentes del contexto general, sino que el conjunto siempre es más grande que la suma de sus componentes. De esta manera también se evalúa a otras personas. Aunque una persona haga un trabajo perfecto, no se va a cerrar los ojos frente a sus defectos de carácter, sino al evaluarla se va a tener en cuenta el cuadro completo. Por eso, un especialista que trabaja en una cultura, donde predomina el razonamiento holístico, no debe confiar solamente en sus capacidades y competencias profesionales. Su aceptación personal dependerá mucho más de la impresión general que los lugareños tienen de él.

Personas y culturas predominadas por el razonamiento analítico diferencian más fuerte en estos casos; ellas pueden separar las dos áreas "rendimiento laboral" o "competencias" y "carácter". Mientras que el área que se considera secundaria – en este caso el carácter – no afecta de una manera esencial al área que se considera más importante – en este caso el rendimiento laboral o las competencias – la evaluación de la persona no es afectada de una manera negativa.

Hesselgrave distingue tres formas de pensar:[60] el "razonamiento conceptual" *(conceptual thinking)*, el "razonamiento intuitivo" *(intuitional thinking)* y el "razonamiento específico relacional" *(concrete relational thinking)*. En su tripartición, Hesselgrave enfatiza sobre todo la manera como se adquiere conocimientos, es decir los "procesos cognitivos".

El *razonamiento conceptual* lo encontramos sobre todo en las culturas occidentales. Es abstracto, analítico y sistemático. Se concede gran importancia a que una cosa haya sido investigada y elaborada cuidadosamente y que el resultado es "científicamente sólido".

---

[60] David J. Hesselgrave, *Communicating Christ Cross-Culturally*. (Grand Rapids, Michigan: Zondervan, 1991), pag. 301ss.

El *razonamiento intuitivo* lo encontramos sobre todo en el Oriente, especialmente en la India. La forma de pensar tiene una carácter místico. Se distingue entre un conocimiento superior (Brahman[61]) y un conocimiento inferior (como p.ej. la matemática, las ciencias[62] o la filosofía). Como caminos para adquirir este conocimiento superior o iluminación sirven p.ej. técnicas de Yoga y la meditación.

Según Hesselgrave el *razonamiento específico relacional* caracteriza sobre todo la forma de pensar de los Chinos y también de las culturas tribales. Se aprende especialmente por medio de experiencias específicas en situaciones concretas. Las capacidades se aprenden sobre todo observando y repitiendo (imitando y memorizando). Saber algo significa ser capaz de reproducirlo (imitarlo); no necesariamente hace falta también haber entendido porqué es así o porqué funciona de tal manera. Lo que predomina son los aspectos prácticos, es decir que se sabe algo y que algo funciona, y no la teoría (el "porqué").

La forma de pensar que predomina en una cultura afecta a todas áreas de la vida. Tiene mucha influencia en el estilo de enseñanza y de aprendizaje (imitar o reflexionar), pero también en el resultado del aprendizaje (saber de memoria o comprender). Se puede aprender a leer p.ej. de una manera *analítica* o de una manera *holística*. En el caso del *método analítico*, se aprende sílabas individuales que se utiliza para formar las palabras respectivas. Es decir, se desmontan palabras en sus componentes; al leer, no sólo se tiene que recomponer los componentes, además se tiene que reconocer el significado relacionado con esta palabra (pla-ta-no = plátano). En el caso del *método holístico*, se aprende palabras enteras, relacionándolas de esta manera con algo específico: el significado que representa la palabra. Eso facilita la comprensión de lo que se lee. – Pero sólo en el caso que se enfatiza desde el inicio la comprensión del texto, y no se enseña a leer como un "acto puramente mecánico", donde sólo importa saberlo de memoria sin comprensión.

La forma de pensar que predomina en una cultura por supuesto determina también su estilo de comunicación. En el *razonamiento*

---

[61] En la filosofía del hinduismo, Brahman es considerado "como lo absoluto, que se encuentra en todo el universo, que es la esencia de todo, que transciende a todo, que es inmanente y causa eficiente del cosmos." Wikipedia, *Brahman (divinidad impersonal hinduista)*, http://es.wikipedia.org/wiki/Brahman_%28divinidad_abstracta%29

[62] Esto significa también, que "argumentos racionales" están subordinados al "conocimiento superior". En el caso del razonamiento conceptual es completamente diferente: Un supuesto "conocimiento superior" es evaluado muy críticamente por medio de la mente; en este caso, los argumentos racionales juegan el papel decisivo.

analítico respectivamente el *razonamiento conceptual*, al preparar p.ej. un discurso o una lección, se enfatiza mucho una estructura lógica (bosquejo) y una presentación sistemática. Saltar de un pensamiento a otro es percibido por el auditorio como una ruptura, por eso hay que evitarlo. Normalmente se presenta primero una tesis o un principio general (muchas veces algo muy abstracto) ilustrándolo después por medio de ejemplos. Aunque los ejemplos tienen el objetivo de llevar a la práctica, el enfoque está todavía en gran medida en la teoría. Los buenos argumentos juegan un papel muy importante para sustentar el asunto o la tesis. Además se quiere lograr que el auditorio comprenda, porqué el asunto es así y cómo funciona la cosa. De esta manera se quiere capacitar al auditorio a aplicar los principio que ha aprendido y comprendido también en situaciones nuevas y desconocidas.

En el *razonamiento específico relacional* se presenta el ejemplo, p.ej. una historia, al comienzo del discurso. El ejemplo sirve como modelo específico que se utiliza para aprender y para derivar principios o normas de conducta ("la moral de la historia..."). En este caso predomina el aspecto pragmático (la práctica). Tiene importancia que algo ha funcionado, p.ej. cierto modo de conducta. La aplicación de lo aprendido ocurre principalmente de una manera análoga. Es decir, los auditorios, que experimentan más tarde una situación parecida a la que escucharon en la historia, van a intentar de reaccionar de la misma manera (como el héroe de la historia). Pero es probable que una situación desconocida les supere porque la aplicación no funciona. En esta forma de presentar un tema faltan normalmente una presentación sistemática o un bosquejo lógico. El contenido y desarrollo de la misma historia sirve como un "bosquejo natural". Al tratar el modelo específico se echa una mirada desde perspectivas diferentes girando alrededor del tema. Al hacerlo, las repeticiones juegan un papel muy importante para subrayar los puntos importantes del mensaje.

Las tendencias básicas que se ha presentado en este párrafo, por supuesto pueden manifestarse en variaciones diferentes también dentro de la población de un país. En cada pueblo hay personas, que tienen principalmente dotes pragmáticos, piensan de una forma holística y que tienen dificultades con lo abstracto. Pero cada pueblo tiene también sus pensadores, filósofos e intelectuales que están analizando y desarrollando teorías. A pesar de este hecho, encontramos en cada país una forma de pensar que predomina y que se refleja también en el sistema educativo. Esto puede causar un choque cultural para los participantes de un intercambio internacional de alumnos o estudiantes, si son enfrentados con desconocidos métodos de enseñanza u otros objetivos de aprendizaje (analizar y elaborar por si mismos o aprender de memoria y copiar). Para un(a) profesor(a) o docente, que enfrenta el desafío de enseñar a alumnos o estudiantes de otras culturas, es una tarea indispensable acostumbrarse al estilo de enseñanza y aprendizaje que es familiar para ellos.

Preguntas para profundizar lo aprendido:
- ✓ ¿Cómo describiría su forma de pensar? ¿Pertenece Usted más a los prácticos que tienen dificultades con ideas abstractas? ¿O pertenece más a los pensadores e intelectuales, a quienes les encanta analizar?
- ✓ Intente acordarse de un encuentro con personas, que tenían una forma de pensar muy diferente a la suya. ¿Qué ha experimentado? ¿Qué diferencias ha percibido? ¿Cómo se ha sentido durante este encuentro? ¿Cómo explicaría estas diferencias? [63]

3.8. El uso del espacio

La última dimensión de valores que queremos tratar en este capítulo tiene que ver con los usos diferentes de la dimensión "espacio". También este aspecto influye la comunicación intercultural.
Por un lado afecta a la orientación en el espacio que se expresa también idiomáticamente. Quiero mencionar dos ejemplos breves para ilustrarlo. En Alemania estamos acostumbrados a orientarnos según los puntos cardinales (norte, sur, este, oeste). Para los indígenas en la Amazonía, estos términos tienen poco sentido. Su referencia principal para la orientación son los ríos, que atraviesan la selva como una serpiente con un sinfín de curvas que cambian frecuentemente la dirección. En este caso es importante saber, si se tiene que viajar en dirección río abajo o río arriba. El segundo ejemplo tiene que ver con la aldea donde estoy viviendo actualmente. La aldea Hardt se encuentra al borde del centro de la Selva Negra en Alemania. Con una excepción, no importa desde cual dirección uno se va a Hardt, siempre tiene que subir. Por eso normalmente no

---

[63] Quizás se ha dado cuenta de que esta forma de preguntar refleja una razonamiento analítico... ☺

decimos "Me voy a Hardt", sino "Subo a Hardt". Según mi orientación en el espacio (como poblador de Hardt), tampoco vivo "en Hardt" sino "encima de Hardt".☺

Otro aspecto relacionado con el uso del espacio, tiene que ver con lo que se considera como espacio privado o "privacidad". Según la cultura y las posibilidades económicas, esto puede variar mucho. Hoy en día en Alemania estamos acostumbrados a tener mucho espacio en la casa exclusivamente para nosotros mismos. En muchos otros países convive en muchos casos una cantidad más grande de personas en una casa relativamente pequeña. La cantidad de espacio que una persona necesita como privacidad para sentirse bien todavía puede variar mucho. Otra diferencia es, si la vivienda es muy abierta o muy cerrada (restringida). ¡Durante mi primer viaje a las comunidades indígenas, que me llevó al pueblo Candoshi, fue un desafío para mi que casi ninguna casa tenía paredes (excepto por la casa del profesor del colegio, quien mayormente era un mestizo). Así no había mucha privacidad y todos en la comunidad sabían lo que ocurría en la casa de su vecino. El único lugar que se podía considerar como espacio privado se encontraba debajo del mosquitero. Además me di cuenta, cómo los visitantes y los anfitriones estaban sentados muy lejos el uno del otro – según mi modo de sentir. A veces había una distancia de varios metros entre los interlocutores. También la distancia entre dos interlocutores es determinado por la cultura. Dentro de su cultura, dos interlocutores mantienen una distancia que les hace sentir bien a ambos. Si esta distancia es grande o pequeña depende de la relación de los interlocutores. También dentro de la propia cultura puede pasar que uno de los interlocutores se acerca de una manera inadecuada, que el otro ya no se siente bien y retrocede. Los diferentes modos de sentir en cuanto a la distancia adecuada de los interlocutores puede ser un verdadero desafío en el encuentro intercultural; especialmente, si uno de los dos pertenece a una cultura donde se mantiene un distancia espacial grande, mientras que el otro está acostumbrado a mucha cercanía – y la necesita para establecer una amistad y calidez con el otro.

Ya el primer día durante nuestro viaje a los Candoshi (estuve acompañando a mi colega Federico), inconscientemente "metí la pata" por primera vez: No pasó mucho tiempo hasta que me ofrecieron mi primer Masato (una bebida común entre los indígenas de la Amazonía, hecha de la yuca). La esposa del jefe de la comunidad me entregó un tazón de arcilla lleno de Masato. Como estaba tan lleno, lo agarré desde abajo – y por casualidad toqué la mano de la mujer. Los muchachos que estaban sentados a nuestro lado sonreían irónicamente... Federico me explicó, que tocar a la mujer normalmente es la señal para indicar que uno está interesado en ella. ¡Gracias a Dios tenía como forastero cierta libertad de meter la pata y me perdonaron mi ignorancia! Entre los Candoshi, no sólo se mantenía cierta distancia espacial entre los interlocutores, también era un tabú tener un contacto físico con una mujer, si uno no pertenecía a su familia. Si se puede tocar a una persona y de qué manera dependerá también de una cultura a otra. Como el contacto físico elimina mas o menos la distancia espacial entre dos personas, voy a tratar este aspecto dentro de este párrafo.

Hay culturas donde se evita casi cada forma de contacto corporal. Aún al saludarse no hay ningún contacto físico. También pueden existir tabúes en cuanto a tocar otra persona. Estos tabúes pueden tener que ver con el sexo de la otra persona. Pero también es posible que ciertas partes del cuerpo de la otra persona son tabú, p.ej. la cabeza, a veces por razones religiosas.

Hay otras culturas[64], donde es común tener un contacto corporal frecuente y más cercano. Esto ya se expresa al saludarse. Según la respectiva cultura, se saluda dando la mano, abrazándose y también besándose. En este caso, también pueden existir normas referentes al genero; es decir, el contacto físico entre hombres y mujeres puede ser un tabú, pero los hombres y las mujeres entre sí, sí se tocan. Pero también en las culturas, donde hombres y mujeres se saludan con abrazos y besos, existe un límite claro de lo que es adecuado y tolerado.

Para un observador, que pertenece a otra cultura, algunas formas de tocarse pueden parecerle muy raros, y aún puede llevarle a conclusiones completamente equivocadas: En algunos países (p.ej. la India, Indonesia, Malasia) es posible que dos hombres van paseando por la ciudad tomados de la mano. Pero si se sacara la conclusión de que los dos son homosexuales, uno se equivocaría por completo. Este ejemplo nos muestra, que también los toques y el contacto físico entre dos personas pueden enviar un mensaje, que puede ser recibido tanto del interlocutor como de un observador.

---

[64] Quisiera enfatizar una vez más, que „culturas" no son lo mismo que „países". En América latina el contacto físico entre los "Latinos" es algo muy común; pero esto no significa que lo fuera también para los indígenas – especialmente de la Amazonía. En muchos grupos étnicos, el contacto físico entre hombres y mujeres todavía es un tabú. Mientras tanto, se saluda cada vez más dando la mano (también entre hombres y mujeres); pero con esto ya se está llegando al límite de lo que se tolera culturalmente. Si se va más allá, es muy probable que la gente suponga que uno tiene otras intenciones.

Hasta qué punto el mensaje recibido concuerda con la realidad, o si es solamente un mensaje que ha sido supuesto, depende en cada caso de la intención, que es motivada por el trasfondo cultural del actor / de los actores. Si el interlocutor o el observador desconoce esta intención, el resultado puede ser interpretaciones erróneas y malentendidos.

Preguntas para profundizar lo aprendido:
- ✓ ¿Qué distancia espacial con su interlocutor considera Usted como algo agradable y adecuado? ¿Cómo se siente, si la distancia es demasiada grande o pequeña?
- ✓ ¿Cuál es su trasfondo cultural en cuanto al contacto físico? ¿Cuál sería para Usted el límite, cuando ya no se siente bien o incluso acosado?
- ✓ ¿Ha tenido ya encuentros, en los cuales la(s) otra(s) persona(s) tenía(n) otro trasfondo cultural en cuando a la distancia espacial y/o el contacto físico? ¿Qué ha pasado? ¿Cómo ha reaccionado Usted y/o su(s) interlocutor(es)?

En el transcurso de este capítulo hemos conocido ocho áreas, donde las culturas pueden tener diferentes orientaciones en cuanto a los valores. Mayormente se han presentado dos polos opuestos.
Por medio de algunos ejemplos hemos visto, que existen algunas culturas que están inclinándose muy fuertemente a uno de los dos extremos. Pero en muchos casos, se trata de una *tendencia*, donde *predomina* una orientación de valores, pero *también* se encuentran ciertas partes de la antípoda. Hasta qué punto se manifiestan estas partes del polo opuesto, depende mucho del contexto. Por ejemplo, los "Alemanes" tendemos a tener una orientación a las metas. Esta tendencia se manifiesta sobre todo en el contexto profesional, donde el cumplimiento de una tarea tiene prioridad. Pero esto no significa que todos los alemanes son siempre y en toda área orientados a las metas. En el contexto privado (tiempo libre), también se manifiestan los rasgos de una orientación a las personas. La tendencia básica que predomina en una cultura es un promedio. En cada cultura hay individuos que difieren de la media, sea por un lado o sea por el otro lado. Por esta razón hay que tener mucho cuidado con estereotipos culturales; porque en realidad no existe "el alemán" o "el francés" etc., que siempre y en todo concuerda 100% con el promedio.

Además hay una competencia entre los valores de las diferentes áreas de la cultura – también dentro de la misma cultura. Esto puede causar conflictos internos, dentro de una persona. La orientación predominante en cuanto al uso del tiempo puede competir con la orientación predominante en cuanto al trato con personas de autoridad o con personas con un mayor estatus social. Cómo se resuelve este conflicto interior entre valores competitivos, dependerá mayormente de los valores a los cuales se da la preferencia en ese momento. Así puede pasar que una persona con una orientación a acontecimientos termina una conversación prematuramente, para poder llegar a tiempo a la cita que tiene en una oficina.

Creo que mis explicaciones dejaron en claro, cuán importante es diferenciar – en vez de meter a la gente de otras culturas en un esquema fijo. Se trata sobre todo de hacernos conscientes, cuáles son las orientaciones de valores culturales y personales en el fondo, que influyen nuestra comunicación. La capacidad y la voluntad de tomar en serio a personas de otras culturas y de respetar las diferencias en su orientación de valores, son condiciones importantes, si queremos que la comunicación intercultural tenga éxito. Además debemos hacernos conscientes: Nunca son "culturas" que se comunican, siempre son personas individuales que tienen un trasfondo cultural muy personal y muy individual. ¡Por eso, el encuentro de dos personas siempre es un acontecimiento único!

4. Otros factores importantes

En el capítulo anterior hemos tratado sobre todo el tema de los valores y cómo estos influyen en el estilo de comunicación.
Ahora vamos a conocer y tratar otros factores, que son importantes en la comunicación intercultural. Estos factores son:
* La cultura y el idioma
* La comunicación directa e indirecta
* La comunicación no verbal

4.1. La cultura y el idioma

Las relaciones entre la cultura y el idioma son muy amplias. La cultura y el idioma se condicionan mutuamente; porque por un lado el idioma (del corazón) forma parte de la cultura, pero a la vez es también un portador de la cultura, porque por medio del idioma se transmite la manera de pensar y los valores de una cultura a la próxima generación. Por medio del idioma se enseña la cultura, y por medio del idioma, los forasteros ("Outsider") reciben acceso a una cultura.

Cada idioma es único:
➢ En sus posibilidades de expresarse.
➢ En su forma de pensar. Existe una relación estrecha entre la forma de pensar que predomina y la manera de expresar pensamientos.
➢ En muchos pequeños detalles y particularidades.

Diferentes posibilidades de expresarse
Cada idioma ofrece sus propias posibilidades de expresarse. Cuanto más extraño es el otro idioma en sus conceptos básicos (p.ej. para los alemanes los idiomas no indoeuropeos), más grande vamos a experimentar la diferencia con nuestro propio idioma. Algunas diferencias realmente nos sorprenderán, porque nunca hubiéramos pensado que fueran posibles. Lamentablemente, nuestro propio trasfondo cultural e idiomático limitan nuestra manera de ver las cosas; en consecuencia, lo que esperamos encontrar en otro idioma se concentra en nuestro propio trasfondo y en lo que conocemos.
Los siguientes ejemplos ofrecen una pequeña impresión de la diversidad de las posibilidades de expresarse por medio del idioma.

➢ En algunos idiomas se expresa una petición utilizando el imperativo (p.ej. *"¡Por favor, préstame un poco de dinero!"*). Como los miembros de estos grupos idiomáticos están acostumbrados a expresar una petición de esta manera, también lo hacen a menudo usando otro idioma. Si se expresa una petición en el otro idioma más indirectamente y utilizando el conjuntivo (p.ej. *"¿Podrías hacerme un favor? ¿Podrías prestarme un poco de dinero?"*), es muy probable que el interlocutor percibirá la petición directa, esto es, utilizando el imperativo, como un comportamiento descortés – a menos que conozca el trasfondo idiomático y cultural del otro y comprenda porqué se expresa de tal manera.

➢ En algunos idiomas no existe la forma del estilo indirecto, sino se utiliza solamente el estilo directo. Voy a ilustrar brevemente, lo que puede significar: No es posible traducir la frase *"Ya has escuchado que Pablo denunció al ladron a la policía?"* directamente a otro idioma, que solamente conoce el estilo directo. No sólo se tiene que transformar el estilo indirecto en estilo directo (*"Ya has escuchado que..."*). El verbo "denunciar" requiere un estilo indirecto; por eso, muy probablemente no existirá este verbo en la otra lengua. Por eso es necesario expresar tanto la actividad de denunciar como el objeto que fue robado *explícitamente*. El resultado final de la transformación necesaria podría tomar la forma siguiente: *"¿Ya has escuchado? Pablo se fue a la comisaria y dijo al policía: <<Un ladrón robó mi billetera>>."* En el caso de los idiomas que conocen solamente el estilo directo, la cantidad de verbos, que expresan la acción de hablar, será muy limitada. Mayormente existen solo palabras, que se pueden utilizar también en el estilo directo, como: "hablar", "contar", "decir", "preguntar" y "contestar". A la vez significa, que se tiene que expresar de una manera explícita y directa. Los idiomas que también utilizan el estilo indirecto, conocen un sin fin de términos que requieren un estilo indirecto, como p.ej. "mencionar", "delatar", "denunciar", "confirmar", "verificar", "protestar", "justificarse", etc. Es un desafío grande pronunciar un discurso en un idioma, que utiliza frecuentemente el estilo indirecto, por medio de un intérprete a un auditorio, cuyo idioma conoce solamente el estilo directo. O se deja todo el trabajo en las manos del intérprete, que tiene que transformar las frases y hacer explícitas ciertas cosas (y quizás no sabe si se ha robado el bolso, la bicicleta o alguna otra cosa) confiando, de que el auditorio comprenderá por lo menos algo del mensaje. O el mismo expositor se esfuerza, no se aferra a su estilo habitual e intenta de expresar las cosas de manera más directa y explícita como le es posible. Esto alivia al intérprete y aumenta la probabilidad de que el auditorio comprenda su mensaje.

- ➢ Como ya se ha mencionado[65], los tiempos verbales que se conocen, y su forma de usarlos, pueden diferir de un idioma a otro.
- ➢ En algunas lenguas, también es posible expresar una orden utilizando la forma del futuro. Por ejemplo encontramos en la Biblia según la Versión "Reina Valera" (1960) la traducción: "No matarás". Aunque se está utilizando en este caso la forma del futuro, se trata de una orden. El significado intencional es "¡No debes matar!"

Estos pocos ejemplos ya nos mostraron, que depende mucho de la gramática de un idioma, lo que se puede expresar y lo que no, y de qué manera se tiene que expresar algo.

La gramática determina también el orden de las palabras utilizadas, para que formen una frase comprensible. Especialmente cuando se comienza a aprender otro idioma, uno todavía es muy influenciado por la forma de pensar y por la estructura de su lengua materna. Nunca olvidaré lo que me dijo mi profesora de idiomas en España: "Estás utilizando palabras españolas, ¡pero sigues hablando alemán!"

¡Las palabras pueden tener un contenido inesperado!

Uno de los problemas que se enfrenta al traducir de un idioma a otro (también al traducir este libro del alemán al español ☺), tiene que ver con el significado de las palabras. Mayormente, los significados de las palabras no concuerdan cien por ciento, sino hay matices y coincidencias con otros términos que aún pueden tener otro significado. Por ejemplo el verbo español "mandar" tiene dos significados diferentes: "enviar" u "ordenar" ("dar una orden"). El contexto de la frase, en la cual se le utiliza, aclara el significado intencionado. Si p.ej. un forastero conoce solamente uno de los dos significados de la palabra, entonces no entenderá una frase donde es utilizada con el otro significado, o la entenderá mal.

Vamos a echar una mirada más a los sinónimos mencionados del verbo "mandar": El término "enviar" principalmente tiene un significado, la acción de poner en movimiento a una persona o una

---

[65] Vea la página 47.

cosa para que llegue a cierto destino. Pero el término "ordenar" tiene – según el contexto – significados diferentes (como el término "mandar"): "dar una orden" o "poner orden." La ilustración siguiente muestra, que el término „mandar" tiene una intersección común tanto con los términos "enviar" y "ordenar". Pero entre los términos "enviar" y "ordenar" no existe nada en común en cuanto al significado.

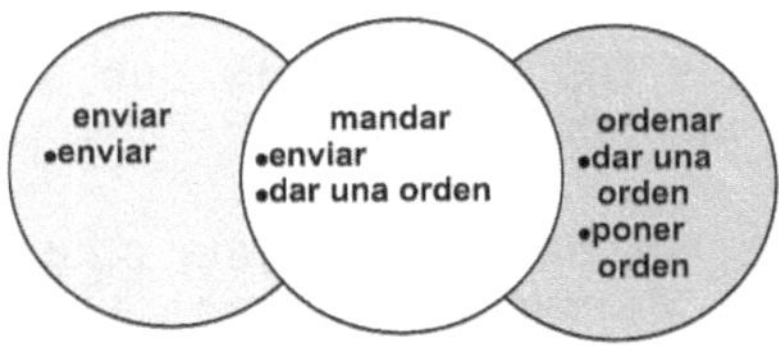

También es posible encontrar similitudes entre idiomas diferentes. Estos pueden consistir, entre otros, en un sonido y significado similar (p.ej. "ilustración" y el término alemán "Illustration"). Pero también en estos casos, los significados pueden variar mucho; y una traducción directa o literal – que nos parece ser lógica – puede causar sensaciones raras en los oyentes. Si un hispanohablante dice: "me siento impotente", normalmente no quiere decir que no es capaz de engendrar hijos, sino que se siente sin potencia, débil o incapaz. Si él quiere expresar esta idea en alemán y utiliza la palabra "impotent" ("Ich fühle mich impotent"), muy probablemente la gente le va a mirar con ojos muy grandes y con la boca abierta – porque la palabra alemana "impotent" se utiliza principalmente para hablar de la infertilidad (del hombre). En este caso tiene que utilizar otra palabra que especifica lo que quiere expresar, es decir, si se siente sin poder ("machtlos"), débil ("schwach") o incapaz ("unfähig").
En cada idioma hay una cantidad de matices que se tienen que conocer. Nuestra lengua materna tiene matices, que probablemente no existan en el idioma extranjero – y viceversa. Según el idioma es posible que exista una cantidad muy amplia o muy limitada de términos para cosas, actividades o cualidades. En muchos casos influye también el medio ambiente (entorno), donde se ubica el pueblo, en la variedad de su vocabulario.

➢ Algunos idiomas tienen p.ej. una gran cantidad de términos para la actividad de "llevar". Se utilizan diferentes palabras, dependiendo si una persona lleva algo sobre los hombros, en la palma de la mano, en el bolsillo, bajo el brazo, sobre la cabeza, en alto (por encima de la cabeza), con pinzas, con los brazos, entre los dientes, en una cuchara, en un recipiente, en la espalda etc.

➢ El español tiene los dos verbos "ser" y "estar". Pero otros idiomas tienen solamente un verbo, que se utiliza tanto para expresar "ser" como para expresar "estar" (p.ej. el alemán "sein" o el inglés "to be"). Por eso, los hablantes de estos idiomas luchan frecuentemente con el uso de "ser" y "estar" al aprender el español.

Otra dificultad pueden causar palabras, que se utilizan solamente en cierta región (p.ej. sólo en España o sólo en ciertos países de América latina), o que ya no se utiliza en la vida diaria (p.ej. el español antiguo). Los libros reflejan el idioma y el uso de las palabras del tiempo cuando fueron escritos. Las lenguas habladas son algo dinámico y se cambian con el transcurso del tiempo. Antes, se utilizaba en Alemania la palabra "Weib" (mujer, hembra) naturalmente con el significado "mujer". Pero con el transcurso del tiempo, esta palabra llegó a tener una connotación negativa y despectiva; por eso, se utiliza la palabra "Weib" hoy en día solamente para hablar de una mujer con desprecio o para insultarla con intención. Si alguien intentara aprender el alemán por medio de libros antiguos, tarde o temprano encontrará la palabra "Weib". Ahora puede suceder, que si busca su significado en el diccionario y la aprende y utiliza en la primera ocasión que se le presenta – probablemente con sus respectivas consecuencias (es decir, que no le agradará a una mujer alemana llamándola "Weib").
Algo parecido puede sucedernos, no importa cual lengua extrajera aprendamos.
Al aprender un idioma extranjero, normalmente se hace un uso frecuente del diccionario. Los diccionarios son algo muy bueno y útil, pero también tienen sus límites. Si se busca una palabra, mayormente se encuentra una traducción. Pero todavía no se sabe 1) si todavía se utiliza esta palabra hoy en día en aquella lengua, 2) si se entiende y/o utiliza esta palabra en todos los lugares, donde se habla esta lengua, 3) si esta palabra tiene este significado solamente en cierto contexto, pero el significado cambia si el contexto es diferente. El uso de términos, que los diccionarios sugieren como "traducción", puede provocar la risa de los lugareños (me ocurrió esto al utilizar la palabra sugerida por el diccionario "escobar" para decir "barrer"), pero también una situación embarazosa Por eso es de gran ayuda aprender una lengua extranjera, si se conoce a un lugareño/una lugareña que puede servir como ayudante de idiomas o tutor(a). Con él/ella se puede hablar sobre las traducciones sugeridas en el diccionario y verificar, si se utiliza este término (todavía) y con qué significado; la conversación con él/ella ayuda también a encontrar el término exacto.

Otro desafío en la comunicación intercultural son los modismos. Hay modismos en español como p.ej. "brillar por su ausencia" o "meter la pata". Si un extranjero escucha un modismo, probablemente entenderá cada palabra de la frase, pero no su significado. Muchas veces, el significado de un modismo se conoce solamente en cierta región. Modismos que se usa frecuentemente en España (p.ej. „voy tirando" para expresar que uno se siente regular), no necesariamente son comprendidos también en América del Sur. Es difícil traducir modismos. Sin embargo, muchas veces no somos conscientes de que estamos utilizando un modismo. En nuestras lenguas (tanto en español como en alemán) utilizamos muchos modismos. P.ej. si un alemán está constipado, puede decir: *"Me corre la nariz"* (*„Mir läuft die Nase."*). Para personas de otras culturas, este modismo puede sonar divertido o raro, ¡porque en sus países las narices no son capaces de correr!

También los chistes son algo muy desafiante en la comunicación intercultural. Contarle un chiste a una persona de otra cultura puede resultar embarazoso, especialmente cuando nadie se ríe porque 1) no se ha comprendido el chiste, 2) se ha entendido mal el chiste, 3) el chiste no es nada divertido para la gente a causa de particularidades culturales o tabúes. Por eso es recomendable esperar para contar chistes en encuentros interculturales, hasta que se haya conocido bien la otra cultura y su tipo de humor.

Preguntas para profundizar lo aprendido:
✓ ¿Qué experiencias ha tenido ya con lenguas extranjeras?
✓ ¿Qué diferencias – en comparación con su lengua materna – ha detectado?

4.2. La comunicación directa e indirecta

El trasfondo cultural determina también, si la comunicación es más directa o indirecta. Este factor está muy relacionado con los valores de la cultura. En la comunicación directa, se expresa el objetivo ya al inicio de la conversación muy claramente; es decir, "se llega directamente al grano" (al objetivo). En la comunicación indirecta, se demora más hasta que se exprese por fin el asunto que se quiere tratar. Existe una relación estrecha hacia la dimensión valórica de *lograr metas*.

El que tiene una *orientación hacia las metas*, llega más rápidamente "al objetivo"; pero el que tiene una *orientación hacia las personas*, intenta crear primero una clima agradable y generar confianza, antes de hablar del tema que quiere tratar en la conversación. Según su propio trasfondo personal, se percibe la franqueza o la falta de franqueza del interlocutor como algo cortés o descortés.

Personas con una *orientación hacia las metas,* a veces se sienten molestos por la comunicación indirecta, porque tienen la impresión de que a su interlocutor le "falta la objetividad" o que "está malgastando tiempo valioso" [66]. Los que tienen una *orientación hacia las personas* pueden percibir la comunicación directa como algo chocante, porque se sienten "asaltados" por el otro y sus objetivos. Aún puede ser que se sienten menospreciados como personas, porque tienen la impresión de que solamente la meta o el objetivo tuviera importancia.

Si una cultura prefiere un estilo directo o indirecto en la comunicación, se expresa también mediante la claridad con que se tratan asuntos delicados o se llega al punto. En este caso existe una relación estrecha entre las dimensiones de valores del *individualismo / colectivismo* y *temor a quedar en evidencia / valor a ser expuestos.*

Las culturas en las cuales predomina el *individualismo* y donde la gente tiene más *valentía para ser expuesta,* normalmente practican un estilo más *directo* de comunicación. Por otra parte, las culturas donde predomina el *colectivismo* y donde *se evita la exposición o quedar en evidencia* de sí mismo o de otros, tienden a preferir un estilo *indirecto* de comunicación.

En cuanto a la franqueza o la falta de franqueza en la comunicación existen matices muy diferentes de una cultura a otra. Ésta varía desde un extremo, de una comunicación "muy directa" hacia una comunicación "directa", pasando al otro lado a una comunicación "indirecta", hasta llegar al otro extremo de una comunicación "muy indirecta". Pero aún así existen diferencias dentro del mismo país o de las personas del mismo idioma. Los alemanes tenemos la fama de comunicar de una manera muy directa. Pero también dentro de Alemania hay diferencias regionales. En el sudoeste de Alemania, la región donde vivo, no se comunica tan directamente. A veces he percibido la franqueza de mis paisanos, que son de otras regiones, casi como algo chocante. Pero en comparación con nuestros vecinos, los Suizos, nosotros en el sudoeste de Alemania estamos comunicando de una manera muy directa. También he notado, que

---

[66] En este caso, la orientación a tiempo es un factor adicional. Muchas veces, las personas con una orientación a metas tienen a la vez una orientación a tiempo.

los españoles tienen un estilo de comunicación más directo que los latinos, que prefieren un estilo indirecto.

Relacionado con el estilo directo o indirecto de la comunicación, se está distinguiendo también entre *low-context cultures* (culturas de bajo contexto) y *high-context cultures* (culturas de alto contexto).
En las culturas que son denominados como *low-context cultures* (culturas de bajo contexto), lo que se dice verbalmente tiene más importancia que el marco (contexto), en el cual ocurre la comunicación. Para descodificar el significado de un mensaje, principalmente se presta atención a las palabras pronunciadas. En estas culturas, se comunica de la manera más clara y directa posible para que se comprenda el mensaje.

En las culturas que son denominados como *high-context cultures* (culturas de alto contexto), adicionalmente a las palabras pronunciadas, el marco (contexto) de la comunicación es sumamente importante. Para descodificar el significado de un mensaje, no solo se presta atención a la palabras, sino también al contexto. Por eso, en estas culturas, se comunica de una manera indirecta, y es necesario "interpretar de una manera correcta" lo que el interlocutor ha expresado verbalmente. El contexto es la clave para comprender lo que el otro quería decir. Eso es un desafío muy grande, para los miembros de *low-context cultures* (culturas de bajo contexto), porque muchas veces les resulta difícil identificar un mensaje indirecto como tal, y les resulta todavía más difícil comprenderlo correctamente. Esto puede causar muchos malentendidos en la comunicación intercultural, porque se pierden mensajes, o porque se recibe mensajes errados.

Las personas que prefieren un estilo *directo* de comunicación, normalmente hacen preguntas cortas y directas. Al hacerlo toman en consideración, que la otra persona posiblemente tenga poco tiempo. A la vez están esperando una respuesta directa, que están considerando principalmente como "información pura". En este caso, las emociones no importan o juegan solamente un papel secundario. Es posible expresar su propia opinión de una manera cortés, sin que el otro perciba la crítica, que está incluida, como un ataque personal. En este caso, lo que se considera como cortés, no depende de la franqueza de la comunicación, sino de la manera cómo se dice algo. El principio fundamental es *"el tono hace la música"*. George Bernard Shaw, el escritor irlandés, lo expresó de la manera siguiente: *"En el*

tono correcto uno puede decir cualquier cosa. En el tono equivocado uno no puede decir nada. La parte delicada es seleccionar el tono."
En el estilo directo de comunicación, la palabra vale. Se comprenderá un "sí" como "sí" y un "no" como "no". Por lo general un mensaje oculto no se comprende, p.ej. en forma de un "no indirecto", y probablemente, éste será interpretado como una falta de sinceridad, es decir, como una "mentira" del interlocutor.
Las personas que prefieren un estilo *indirecto* de comunicación, están valorando mucho un ambiente agradable y de cortesía.[67] No se quiere comprometer y ofender al otro por medio de una declaración directa. Es importante no perder la cara y evitar situaciones embarazosas. Esto implica, que se manejan preguntas completamente diferentes en comparación con el estilo directo de comunicación. En el estilo indirecto de comunicación, se procura hacer una pregunta de tal manera, que no se avergüence a otro, p.ej. si él no sabe una respuesta, pero no quiere admitirlo para no perder la cara. En este caso no puede contestar directamente "No lo sé"; porque de esta manera expondría su ignorancia y se sentiría avergonzado. Notamos que el estilo indirecto de comunicación no solo afecta la manera como se hace una pregunta, sino también la manera como se contesta a una pregunta. – También las respuestas pueden ser indirectas y por eso es posible entenderlas mal. Especialmente un "sí", no siempre significa "sí". Puede ser una frase para comenzar una conversación relajada. En algunas culturas aún es descortés decir "no" para rechazar un pedido – por eso se responde generalmente diciendo "sí" para que el otro no se sienta mal. Algunos turistas, que preguntaron en un país extranjero "¿Es este el camino a la aldea X?" recibieron la respuesta "Sí". – Pero más tarde se dieron cuenta (muy frustrados) de que habían tomado un camino equivocado...
En muchos casos, se empaqueta el "no" en un cortés "Sí, pero..." o de otra manera. Los miembros de la misma cultura (insider) comprenden el significado de este "no" que se ha expresado de una manera cortés; pero para una persona ajena (outsider) es muy difícil entenderlo. Por eso es recomendable evitar en estas culturas preguntas cerradas, que se puede contestar solamente con un "sí" o un "no". Es más recomendable hacer preguntas abiertas. La pregunta "¿Me ha entendido?" es inútil, porque la respuesta "Sí" no

---

[67] Ya hemos visto que también para las personas, que prefieren un estilo directo de comunicación, la cortesía es importante. Pero su concepto de qué es cortés, se distingue del concepto de las personas, que prefieren un estilo indirecto de comunicación.

siempre significa "sí". – Al contrario, puede causar que la persona que ha hecho la pregunta, crea que el otro haya comprendido lo que dijo, pero en realidad no es así.

Ya hemos visto, que en las culturas, donde predomina el *temor a quedar en evidencia*, se puede pedir el apoyo de una tercera persona como mediador – especialmente en el caso de conflictos. También es posible aplicar este procedimiento en los casos, donde se corre el peligro de que una pregunta demasiada directa cause daño o no nos lleve a la meta. En su libro[68], Sarah Lanier da buenos consejos en cuanto al manejo de preguntas, donde predomina un estilo indirecto de comunicación. Si uno pregunta al vecino "¿Te molesta mi música?" probablemente recibe la respuesta: "¡Por supuesto que no!", aunque no le gusta el estilo de música del otro. Otra posibilidad de preguntar es "¿Cuál es tu música favorita?" Si el vecino menciona otro estilo de música, muy probablemente mi música que permanentemente él tiene que escuchar no le gusta tanto. Otra posibilidad sería pedir a una tercera persona: "Pregúntale lo que piensa de mi música." Eso es el camino más seguro para recibir una "respuesta clara".

En cuanto a la franqueza de la comunicación, siempre puede haber sorpresas: P.ej. supongamos a una persona que se comunica mayormente de una manera directa y viaja a un país, donde predomina el estilo indirecto de comunicación. La persona supone que van a hablarle indirectamente y de repente nota, que la gente de la otra cultura de vez en cuando le están haciendo preguntas sin rodeos, que para él son muy directas y muy personales. Si se *percibe* un estilo de comunicación como directo o indirecto depende también de los temas que se está tratando. En cada cultura hay temas que son un tabú. Hay cosas de las cuales no se habla. P.ej. en Alemania, el tema de la "religión" es mayormente un asunto "privado"; para muchos alemanes es algo desagradable hablar de este tema. Pero en muchos otros países es algo muy normal hablar de su religión, también con extranjeros. La sexualidad, el dinero y la muerte son otros temas que pueden ser tabú. El que está expuesto en una cultura extranjera a preguntas sobre temas que son tabúes en su propia cultura, lo percibirá como algo directo, aunque el estilo de comunicación que se practica en general en este país extranjero es un estilo indirecto.

---

[68] Sarah A. Lanier, *Por Que Somos Diferentes.* (Ywam Pub, 2004).

Preguntas para profundizar lo aprendido:
- ✓ ¿Cuál es su estilo preferido de comunicación?
- ✓ ¿Está comunicando de una manera (muy) directa o (muy) indirecta?
- ✓ ¿Qué experiencias ha tenido con el estilo de comunicación que es opuesto al suyo? ¿Qué dificultades y emociones ha notado en estos casos?

4.3. La comunicación no verbal

En el transcurso de mis explicaciones, frecuentemente he enfatizado, que el mensaje enviado no solo consiste en las palabras pronunciadas, sino también en los elementos no verbales. Hemos visto que la comunicación no verbal es sumamente importante en las culturas de alto contexto (*high-context cultures*); pero también en las culturas de bajo contexto (*low-context cultures*) forma una parte normal de la comunicación.

En este párrafo vamos a tratar más a fondo los diferentes aspectos de la comunicación no verbal. Al hacerlo voy a suponer un concepto amplio de la comunicación no verbal, que incluye también los aspectos paralingüísticos, es decir, la manera cómo se dice algo.

Los gestos, la mímica y la postura corporal

Los gestos, la mímica y la postura corporal varían de cultura a cultura. Las diferencias tienen que ver tanto con el modo y la frecuencia de éstos, como con el significado. Hay culturas que son muy expresivas y que hacen mucho uso del cuerpo en la comunicación. Muchas personas de estas culturas necesitan utilizar también sus manos para que su boca funcione mejor. Si se les atara las manos, también su comunicación verbal estaría restringida. Otras culturas utilizan pocos gestos y poca mímica. Parcialmente, estos aspectos están relacionados con la personalidad del individuo y aún dentro de la misma cultura se encuentran grandes diferencias. Pero en el caso de la comunicación intercultural, especialmente *el significado* que se le da a un gesto, a la expresión facial o a una postura corporal, tiene mucha importancia. Existen las siguientes posibilidades: Los gestos, la mímica o la postura corporal tienen en otra cultura...
1. ... *el mismo significado* como en la propia cultura. En este caso no hay problemas de comprensión.

2. *... ningún significado especial.* En este caso, se está tratando el significado como un "mensaje perdido". Como no tiene ningún significado en la otra cultura, el interlocutor no lo percibirá como parte de la comunicación. Esto puede causar malentendidos, porque puede perderse una parte del mensaje que ha sido enviado conscientemente.
3. *... un significado diferente.* En este caso habrá malentendidos y aún pueden surgir conflictos, porque el interlocutor interpretará la comunicación no verbal según el significado en su propia cultura. – De esta manera está suponiendo un mensaje, que no ha sido la intención del emisor.
4. *... un significado exactamente opuesto.* En este caso puede haber malentendidos y conflictos graves, porque el interlocutor entiende exactamente lo opuesto de lo que se quería decir.

No siempre, asentir con la cabeza hacia adelante significa "sí"; en Grecia y en Bulgaria significa "no". Tampoco, sacudir (ligeramente) la cabeza siempre significa rechazo.

Algunos gestos, no solo pueden causar malentendidos en otras culturas, sino aún pueden ser entendidos como ofensa.

El signo de hacer un círculo con el pulgar y el índice y mostrarlo a otra persona puede ser interpretado – dependiendo del país – como "todo está muy bien", "cero, no vale", "dinero", o aún como una señal obscena y ofensiva.

Un "V", formado con el índice y el dedo medio, no solo puede ser interpretado como señal de victoria o señal de paz, también puede ser entendido como humillación.

También la manera, como se hace señas para que la otra persona se acerque, puede variar; en algunas culturas, los dedos indican hacia arriba, en otros hacía abajo. También varía de cultura a cultura, cuales dedos se utiliza para contar y cómo se expresa cifras con los dedos.

En muchos países, la mano izquierda es considerada impura, porque se utiliza para limpiarse al ir al baño y hacer sus necesidades. Darle a una persona de esta cultura la mano izquierda, es ser descortés y ofensivo.

Estos pocos ejemplos que hemos visto, ya nos muestran claramente: ¡lo que es percibido como cortesía o descortesía puede variar mucho! Por eso, uno debe tener mucho cuidado de no considerar sus comportamientos habituales como algo universalmente entendido y aceptado, porque ¡no lo son!

También *la mímica* es utilizada de maneras diferentes. El uso de la mímica depende también de cómo se expresan las emociones (y si está permitido hacerlo) y la manera en que éstas se expresan. Una sonrisa no siempre significa, que la otra persona también está alegre. Y aún una risa no siempre expresa alegría o diversión; también puede significar que la otra persona se siente insegura o avergonzada. En este caso, la risa sirve para reducir la tensión acumulada de una manera aceptada por la cultura.

Otro aspecto de la comunicación no verbal es *la postura corporal*, que transmite sus propios mensajes. Según la cultura, mirar la cara del interlocutor y aún mirar a los ojos puede ser una muestra de cortesía y de respeto – o completamente lo opuesto. También puede variar, cuánto tiempo se puede mirar al otro.
En algunas culturas se debe evitar sentarse poniendo una pierna encima de la otra, o aún mostrando al interlocutor su planta del pie.
También posturas corporales como p.ej. cruzar los brazos, o meter las manos en los bolsillos al hablar, son vistos de maneras muy diferentes de una cultura a otra.
El tema de la distancia espacial adecuada entre los interlocutores, y si es conveniente tocarse o no, ya lo hemos tratado.[69] Especialmente al saludarse y despedirse, pero también en el encuentro entre personas de géneros diferentes, se expresan muchas señales no verbales que tienen que ser interpretadas correctamente.

El tono y volumen de voz

El tono y volumen de voz, que es considerado como "normal" y "adecuado", depende de una cultura a otra. En algunas, la gente se comporta mayormente de una manera silenciosa; en otras culturas la gente habla en voz alta. Esto puede llevar a malas interpretaciones. Si una persona, que está acostumbrada a un volumen moderado, observa una conversación entre dos personas a voz alta y con muchos gestos, fácilmente puede llegar a la conclusión de que los dos tienen una disputa, diciéndose claramente lo que opinan uno del otro. Es posible que sea así, pero no necesariamente tiene que ser así. Si los dos pertenecen a la misma cultura como el observador, probablemente es así. Pero si pertenecen a otra cultura, es posible que están conversando de una manera normal y amigable.
Muchas veces, depende del tono de voz, mayormente en combinación con el volumen (si se eleva la voz o no), el significado

---

de una frase, o si incluso el emisor está molesto. También es posible presentar una declaración tranquilamente, pero llena de humor mordaz, para manifestar su gran molestia.

En muchos idiomas depende de la entonación (elevar o bajar la voz), si se debe entender una frase como pregunta o como declaración. Lo que se entiende en un idioma como una pregunta, a causa de la entonación, puede ser entendido en otro idioma – expresándolo con la misma entonación – como una orden, causando en el receptor del mensaje la impresión de una actitud descortés.

Interrupciones y pausas en la conversación

¿Es siempre descortés interrumpir al otro, o son las pausas en la conversación algo embarazoso?

En Alemania, normalmente es así, que se debe esperar hasta que el interlocutor termine con lo que quiere decir, sin interrumpirlo. Si un interlocutor ha terminado de hablar, le toca al otro. En eso, se espera que éste tome inmediatamente la palabra para contestar, etc.

En algunas culturas es común interrumpirse, sin que sea considerarlo un comportamiento descortés. Aún puede ser necesario para que llegue su turno e iniciar el cambio del orador. Si no se interrumpe al otro, p.ej. a causa de la "cortesía alemana", es posible que uno no tenga muchas oportunidades de contribuir a la conversación, y que los otros piensen que la persona "no es muy habladora o tímida".

Otra variación del ritmo de conversación es parecida a la primera: Se permite al interlocutor terminar su contribución a la conversación, iniciando de esta manera el cambio del orador. Sin embargo, el otro no comienza a hablar inmediatamente. Hay cierta pausa en la conversación, donde el otro puede reflexionar lo escuchado y contestar bien meditado. Si uno no está acostumbrado a estas pausas, es posible interpretarlas mal como un "silencio embarazoso" o aún como una señal para terminar la conversación.

Preguntas para profundizar lo aprendido:
- ✓ Reflexione sobre el tema de la comunicación no verbal. ¿Cómo describiría su propio estilo y su trasfondo cultural?
- ✓ ¿Qué diferencias ha experimentado ya en la comunicación no verbal? ¿Se acuerda de situaciones divertidas o embarazosas?

5. Estrategias para aprender y/o mejorar la comunicación intercultural

En los capítulos anteriores hemos tratado muy intensamente la temática de los diferentes trasfondos culturales y sus influencias en el estilo de comunicación. Hemos visto cuán profundas y cuán contrarias pueden ser las diferencias entre las culturas. Por eso, es lógico que haya malentendidos en el encuentro intercultural. Esto nos lleva a las siguientes preguntas: ¿Cómo se pueden evitar malentendidos? ¿Cómo se puede mejorar la comunicación intercultural?

¿Qué piensa Usted acerca de estas preguntas? ¿Qué se debería tener en cuenta, para que los encuentros interculturales sean algo agradable y donde exista una comprensión entre personas de distintas culturas? Quizás quiera tomarse un momento para reflexionar al respecto, antes de continuar con la lectura.

A continuación mencionaré algunos aspectos, que para mí personalmente llegaron a tener cada vez más importancia durante el transcurso de los años, en los que he tenido encuentros interculturales con otras personas. Estos aspectos son como estrategias, que pueden ayudarnos a acercarnos más a la meta.

5.1. La actitud correcta

En los capítulos anteriores, mi enfoque principal fue transmitir conocimientos técnicos: Conocimientos sobre los procesos de comunicación y sobre las culturas. Tales conocimientos son necesarios e importantes para comprender las diferencias culturales y para captar, por qué personas de distintas culturas perciben el mundo de una manera diferente, y por qué piensan y sienten de manera distinta a nosotros. He intentado explicar las razones de los diferentes puntos de vista – también con el motivo de cultivar una comprensión por otros puntos de vista.

Para mi, este punto tiene mucha importancia, por que en el encuentro intercultural, los prejuicios – tanto los conscientes como los inconscientes – frecuentemente juegan un papel importante.

Ya hemos tratado brevemente el tema del etnocentrismo. Lo natural en el encuentro intercultural es, que nosotros mismos y nuestro trasfondo cultural son el punto de partida y la regla para evaluar a otros. Y en muchos casos es así, que ya antes de encontrarnos con una persona de otra cultura hemos escuchado algo sobre su país y "la mentalidad de la gente allí". No importa, si es positivo o negativo lo que hemos escuchado, o si es verdad o no, el otro ya no es como una "pizarra en blanco". Consciente o inconscientemente se crean expectativas de cómo debería ser el otro a causa de su cultura. En el caso de estas informaciones preliminares sobre otros países, su gente y sus costumbres, sobre todo los estereotipos, juegan un papel importante. Por un lado, los estereotipos pueden ser una ayuda, porque generalizan hechos, reduciendo de esta manera la cantidad de informaciones a una cantidad manejable y al alcance de la vista. Pero el peligro de los estereotipos es, que generalizan demasiado, y que nos llevan a encasillar a las personas, es decir, meterlas a todas en el mismo saco, donde en realidad no pertenecen.

Quizás se ha dado cuenta de que he sido muy moderado respecto a referencias sobre el trasfondo cultural de ciertas naciones – excepto por unos pocos ejemplos. Ha sido una decisión consciente de practicar esta moderación. Una razón es el enfoque de este libro, que es el entrenamiento intercultural en general. Por eso estoy entregando conocimientos generales sobre el funcionamiento de culturas y sobre diferentes conceptos de valores. Mi meta es cultivar una sensibilidad general en cuanto a otras culturas, y capacitar para aplicar los conocimientos adquiridos en culturas muy distintas. Relacionado con esta meta hay otra razón para mi moderación, y es la necesidad que hay en el encuentro intercultural de escuchar y mirar exactamente, de comprobar presunciones, y de evitar juicios y conclusiones prematuras. Al no asignar la orientación de valores a las respectivas naciones, quería darle la oportunidad de hacer sus propios descubrimientos. Cuanto más reflexione usted mismo sobre los conocimientos básicos respecto a las diferencias culturales que le enseña este libro, e intenta aplicarlo, tanto más desarrollará su propio sentido para otras culturas, y aprenderá a diferenciar y a tratar al otro de una manera individual. Sin embargo, si está haciendo planes para viajar a otro país, le recomiendo familiarizarse con las costumbres de allí de la mejor manera posible, *antes* de viajar. Esta preparación es importante, porque nos ayuda a evitar los errores más graves, que ofenden innecesariamente a la gente. A la vez, la preparación nos ayuda a tener en vista y a comprender las diferencias más importantes. Pero, estos preparativos antes de viajar nos dan solamente un conocimiento imperfecto de la otra cultura; y normalmente tiene que ver sólo con a capa exterior de nuestro modelo de diferentes capas, pero no con los valores en los cuales se basa el comportamiento de la gente. Si uno quiere aprender a comprender realmente una cultura extranjera, hay que descubrir muchas cosas debajo de la superficie. Los conocimientos básicos sobre culturas pueden ser de gran ayuda en este caso, para clasificar los descubrimientos.

Quizás Usted este sorprendido de que éste párrafo lleva el título "La actitud correcta", pero hasta ahora he puesto más énfasis en el conocimiento. *Querer* adquirir conocimientos sobre otras culturas también es una cuestión de la actitud – especialmente si se trata de una comprensión más profunda. Si uno quiere adquirir realmente una comprensión más plena y más amplia de una cultura extranjera, la disposición de estudiar la cultura continuamente y perseverantemente, es indispensable. Lamentablemente, muchos de los que se mudan al extranjero o que viven por cierto tiempo en otro país, se detienen cuando han llegado a cierto punto. pensando que ya saben suficiente sobre la otra cultura, sin darse cuenta de que sus conocimientos son superficiales, porque tienen que ver mayormente con la capa exterior de la cultura. Querer aprender y saber, y permanecer dispuestos a aprender, es un asunto de la actitud. Observar conscientemente, escuchar, hacer preguntas y reflexionar forman parte de una buena estrategia, para llegar a conocer la otra cultura y también para capacitarse en la comunicación intercultural. Este enfoque es "cognitivo", es decir, tiene que ver principalmente con la mente, específicamente con los conocimientos. Con esto estoy llegando a otro aspecto, que también tiene que ver con la actitud, y que no es menos importante. Se trata de nuestro corazón. En realidad, todos nuestros conocimientos no nos sirven, si estamos guardando en nuestro corazón una actitud incorrecta hacia el otro. Ya he mencionado el etnocentrismo y los prejuicios. Tenemos que superar ambos conscientemente, si queremos desarrollar la competencia intercultural y lograr que la comunicación intercultural sea exitosa. La superación comienza con conocer y reconocer, que nuestro punto de partida para evaluar a otros es etnocéntrico – sea consciente o inconscientemente. Relacionado con esto, son ciertos prejuicios o temores, que se fundan mayormente en estereotipos. ¡Recién cuando estemos dispuestos a dar este paso, podemos comenzar a avanzar! El siguiente paso, para superar el etnocentrismo y los prejuicios, es aceptar y respetar a la otra persona y su manera de ser diferente. Querer esto, también es una cuestión de actitud. Entonces, siempre tenemos que ser conscientes de que las culturas diferentes han desarrollado estrategias diferentes para hacer frente a la existencia. Si en otra cultura algo es diferente o se hace de una manera distinta, que en la propia cultura, esto no necesariamente significa que fuera peor o mejor. Es necesario ser consciente, de que nos estamos acercando muchas veces a las diferencias culturales con una actitud de juzgar. Esta actitud influirá inconscientemente en la conversación con los miembros de otras culturas, señalándoles de alguna manera "¡Nosotros somos mejor y más listos que ustedes!" De esta manera, se está colocando un obstáculo que impide un encuentro verdadero con el otro y una verdadera comprensión de la otra persona.

Por favor, no quiero que se entienda mal lo que trato de explicar. No quiero decir, que tengamos que pasar por alto nuestra propia identidad cultural y los valores relacionados con esta. Tampoco quiero decir, que ahora tengamos que aceptar sin crítica y justificar todo lo que se practica en otras culturas – especialmente, si se trata de injusticias. Al presentar valores diferentes, mi intención es mostrar el trasfondo de diferentes puntos de vista y de hacernos ver, los valores e ideales que están detrás, debajo de la superficie de la capa exterior de la cultura. Pero también en cada cultura existen diferencias entre la teoría y la práctica. Los valores básicos y los ideales sirven para dar orientación; ¡pero esto no significa que también se practiquen y hasta que punto se vivan! El cuadrado de valores nos demostró, que cada valor, no importa cuan bueno sea, puede degenerar hacia un anti-valor. En cada cultura existe cierta discrepancia entre la realidad de la vida y los valores básicos e ideales que se defiende. Además, cada cultura tiene sus "puntos ciegos". Se trata mayormente de aspectos negativos de la cultura, que se niega, justifica (mayormente refiriéndose a "las tradiciones"), o blanquea de alguna manera. Muchas veces, los miembros de otras culturas notan estos puntos ciegos muy claramente; ellos pueden hacernos conscientes de esto y ayudarnos de una manera positiva a corregirlo. La razón, por la que estoy hablando aquí de los "aspectos negativos de la cultura" es, que mi punto de partida personal es una cosmovisión bíblica y cristiana. La Biblia describe cómo el hombre cayó en pecado, y cómo existe desde aquel entonces una discrepancia entre los mandamientos de Dios (p.ej. los Diez Mandamientos) y la conducta del hombre. Esto significa, que el estado caído y la pecaminosidad del hombre se manifiestan también en su cultura, es decir, en su estrategia para hacer frente a la existencia – causando también injusticia. Por esta razón – a mi parecer – no debemos tratar el factor cultura sin crítica; porque *cada* cultura contiene aspectos y valores buenos, pero también aspectos neutrales y aún malignos. En cada caso es necesario aprender a diferenciar exactamente y a evitar evaluaciones y juicios prematuros. Soy muy consciente de que esto no es algo fácil y que para cada uno su punto de partida es su propia cosmovisión. Porque lo que es considerado una conducta "pecaminosa", "mala" o "moralmente condenable", depende mucho de la cosmovisión respectiva. Es evidente, p.ej. al tratar el tema de la circuncisión de mujeres o niñas. Supongo que la mayoría de los lectores comparte mi opinión de que la circuncisión de mujeres es algo "malo" y "perverso". Esto nos lleva automáticamente a la evaluación moral de una costumbre, que es practicada en ciertas culturas – y justificada por diferentes razones ideológicas. Mientras que no tenga un encuentro con una persona de tal cultura, es posible tener una opinión respecto a este tema, pero no me afecta personalmente. Pero si tengo un encuentro personal con alguien de tal cultura, es decir, con un ser humano, que justifica la circuncisión de mujeres, la cosa es distinta. ¿Cómo trataré a esta persona? ¿Lo tomo como algo sin importancia diciendo, que "la cosa no me parece tan grave..."? ("Bueno, tenemos culturas diferentes, es así...") ¿O busco la confrontación con el otro, acusándole como una persona malvada? – Una vez más, nuestra actitud es importante: ¿Soy capaz de aceptar y respetar a una persona, que tiene – a causa de su trasfondo cultural – una opinión, que considero completamente falsa y que me molesta, sin aprobar su punto de vista? A mi parecer, esto es uno de los desafíos más grandes en el encuentro intercultural y en la comunicación intercultural, porque existe el peligro de caer en extremos. Siempre cuando hay un encuentro de diferencias (lo heterogéneo), la aceptación y el respeto se convierten en un desafío. Especialmente en tales momentos, mi actitud es puesta a prueba; se comprueba si puedo mantener una actitud correcta y tratar al otro con aprecio. La "regla de oro" nos da una buena pauta en cuanto a nuestra actitud; nos desafía a tratar al otro con el mismo respeto, con el cual quisiera que se me trate.

En el encuentro intercultural, el respeto puede perderse muy fácilmente, sin darse cuenta. Ocurre especialmente en el encuentro con personas adultas en nuestro propio país, que todavía no dominan bien nuestra lengua. En este caso, ellos disponen todavía de un vocabulario muy limitado, por eso es necesario utilizar un lenguaje muy sencillo, como en la conversación con niños pequeños. Muy fácilmente puede suceder que tratamos al otro (¡un adulto!) como un niño pequeño, por ejemplo tuteándole, sin antes preguntarle s está de acuerdo, tratándole de esta manera sin respeto.

La actitud correcta implica también, que nuestra conducta hacia el otro esté motivada por el amor. Si se expresa mi amor, tratando al otro con aprecio, con respeto y evitando a comprometerle a la ligera, él notará mi actitud positiva hacia su persona. Entonces, también él podrá pasar por alto mis faltas o perdonarme más fácilmente, cuando meta la pata (le ofenda inconscientemente) por no haber reflexionado bien o por ignorancia de su cultura.

5.2. Desarrollar competencia intercultural

En el párrafo anterior se ha tratado mucho los aspectos del conocimiento ("la cabeza") y de la actitud ("el corazón"). Ambas partes están participando de una manera relevante al desarrollar competencia intercultural. Ahora queremos agregar otro aspecto: la práctica ("las manos"). Recién en la práctica se demuestra la realidad de mi competencia intercultural, es decir, hasta qué grado he aprendido a tratar con personas de otras culturas, para que el encuentro sea agradable y satisfactorio para *ambas partes*. Por supuesto, esto requiere una predisposición mutua, de acercarse al otro y su cultura. En la mayoría de las culturas, un forastero es recibido probable- mente con cierta franqueza y curiosidad, y aún en algunas culturas con una hospitalidad extraordinaria. Además, los lugareños saben, que el forastero no conoce sus costumbres, y que cometerá muchos errores a causa de su ignorancia. Por lo menos al inicio, el forastero goza de cierta "libertad para meter la pata" (equivocarse), y las infracciones de las reglas vigentes son perdonadas más fácilmente. Pero cuanto más tiempo permanezca el forastero, tanto más esperan los lugareños que aprenda a comportarse de una manera adecuada, es decir, que llegue a conocer su cultura y que actúe correspondientemente. Entonces, si uno está viviendo por una temporada más larga en el extranjero, también es necesario conocer la cultura del país anfitrión e integrarse de cierta manera. Esto se logra aprendiendo el idioma, porque es el fundamento, para tener un buen acceso a la cultura. También incluye adaptarse a los hábitos del país, cultivar amistades con los lugareños, y evitar todo lo que ofende innecesariamente a la gente. Pero la integración no significa dejar por completo su propia identidad cultural, eso sería asimilación. La integración ocurre al adaptarse consciente-mente al nuevo ambiente de vida, y al cultivar relaciones positivas con los miembros del país anfitrión, aunque se tiene y mantiene otra identidad cultural. Pero lo que sí ocurre, es que la propia identidad cultural es modificada y enriquecida por el contacto con la otra cultura.

Un requisito importante para desarrollar competencia intercultural es, conocer su propia identidad cultural. No se trata sólo de conocer la otra cultura; sino primero debo comprender quién soy yo, para que pueda reconocer las diferencias culturales como tales, y para que pueda aprender a tratar con tales diferencias. Las preguntas en los capítulos anteriores, para profundizar lo aprendido, tenían el propósito de llevarle a la reflexión y a descubrir su propia identidad cultural. La mejor manera para conocer su propia identidad es por supuesto el encuentro con personas de culturas extranjeras, especialmente en el extranjero donde se habla otro idioma. Además es útil adquirir conocimientos específicos sobre la otra cultura. Preparado con conocimientos básicos sobre otras culturas en general, y sobre la cultura anfitriona en especial (¡preparándose *antes* de viajar!), la mejor forma de conocer a una nueva cultura es el encuentro con su gente en el sito donde está viviendo. Al hacerlo, se aumentan y se aplican continuamente los conocimientos sobre la otra cultura en diversas situaciones. En el encuentro concreto, también se manifiesta la actitud interna hacia el país y su gente. Los conocimientos más importantes sobre la otra cultura se adquieren por medio de conversaciones personales. A mi, me ayudó mucho el encuentro diario con un tutor y ayudante de idiomas en el Perú. Conversábamos sobre "Dios y el mundo", comparando muchas veces, cómo se hacen las cosas en el Perú y cómo en Alemania. Este intercambio mutuo nos ha beneficiado a ambos; también mi interlocutor peruano ha aprendido cosas nuevas. A mí, me desafiaba reflexionar tanto sobre mi propia cultura, como conocer una nueva cultura, percibiendo ambas más conscientemente. Es recomendable que no se limite este tipo de encuentros a un diálogo, que se realiza siempre en el mismo lugar. Lo que ayuda a ampliar el horizonte y a descubrir algo nuevo, son actividades y experiencias que se realizan juntos. Especialmente las cosas que se observan "por casualidad", pueden ser sumamente interesantes, porque mayormente se trata de asuntos que no se habrían tratado en una conversación bajo "circunstancias normales". En situaciones y condiciones distintas, también se manifiestan los diferentes modos de conducta y maneras de comunicar.

Al conocer a otra cultura y al desarrollar competencia intercultural, tener paciencia es sumamente importante – paciencia con los miembros de la otra cultura, y sobre todo, consigo mismo. Vivir en una cultura extranjera implica esfuerzo y causa estrés. El estrés cultural es un concomitante normal, especialmente durante una estadía prolongada en el extranjero. En el caso extremo, el estrés cultural puede llevar a un "choque cultural", que pone en peligro la propia capacidad de actuar. Al comienzo del viaje predomina todavía la curiosidad; la tensión y la atracción de lo exótico provocan una fase de clímax emocional. Pero con el transcurso del tiempo, esta fase termina y es sustituida por el estrés con la otra cultura. En algún momento se llega a un punto más bajo, donde uno se molesta por cualquier cosa. El momento, cuando uno está llegando a este punto más bajo, depende del plazo que uno permanece en el extranjero. En el caso de una estadía, que dura varios años, mayormente es alcanzado durante el segundo año; es decir, en un momento, cuando uno ya no lo espera. Especialmente en esta fase es importante saber, que el estrés cultural, o aún un choque cultural, es un concomitante natural. Pero igualmente importante es saber, que las emociones realmente van a estabilizarse después de cierto tiempo, si uno continúa con paso firme e intenta mantener o recuperar una actitud correcta. Estos conocimientos pueden ayudar a ser pacientes y a permanecer abiertos para encuentros interculturales. Además, el regreso de una estadía prolongada en el extranjero también causa estrés cultural. Durante el reingreso ("Re-entry") en la propia cultura se produce una "fricción", igual como durante el reingreso de un Transbordador espacial a la atmósfera terrestre. La razón es que la persona ha cambiado por haber vivido en otra cultura, y se ha ampliado su propio horizonte. Esto causa tensiones y estrés con la propia cultura al regresar a la patria. Si uno ha vivido durante un largo plazo en el extranjero, esta fase del reingreso puede demorar cierto tiempo. En muchos casos demora unos dos o tres años, hasta que uno se ha asentado de nuevo y otra vez se siente en casa en su tierra natal.

Una estrategia importante para desarrollar competencia intercultural es, por supuesto, *escuchar activamente* y *hacer preguntas*. Preguntas que demuestran interés y oídos abiertos que escuchan atentamente, promueven el desarrollo de relaciones de confianza. En el encuentro intercultural, la confianza es un "capital" importantísimo. Porque sólo cuando hay confianza, el interlocutor se abrirá, y me permitirá en algún momento echar también una mirada detrás de la fachada. Muchas informaciones relevantes sobre la otra cultura la recibiremos solamente por medio de relaciones, que se basan en la confianza. Por eso es sumamente importante, cultivar relaciones buenas y estables con personas nativas ("insider") de la otra cultura. Estas relaciones con miembros de la otra cultura, también son importantes, cuando uno ya no entiende nada, o cuando algo haya salido mal y uno no tiene idea lo que ha sucedido, ni qué debería hacer en esta situación. Se puede pedir el consejo de ellos, y normalmente ayudarán con gusto al "extranjero novato" ("Greenhorn"). El grado, hasta donde estos miembros de la otra cultura compartan por su propia iniciativa sus observaciones que hicieron al ver el comportamiento del forastero, dependerá de su propio trasfondo cultural. Es la experiencia de muchos, que recién después de varios años, se les dijo cómo son las cosas realmente, y ce qué manera incluso se ha ofendido a los lugareños durante muchos años. Especialmente las personas de culturas, donde predomina el *temor a quedar en evidencia* y que tienen la costumbre de comunicar *indirectamente*, mayormente son demasiado cortés, para decir las cosas francamente en el momento.

Cuando menciono aquí el hacer preguntas como una estrategia, implica por supuesto, que debemos tener en cuenta lo que se ha dicho al respecto, cuando se trató el tema de la *comunicación directa e indirecta*. La manera como se hace y también como se contestan preguntas, depende del trasfondo cultural. Al hacer estudios culturales es recomendable, tratar las mismas preguntas con diferentes miembros de la cultura extranjera. Por un lado, esto sirve para comprobar y verificar las respuestas recibidas. A la vez sirve para detectar nuevos aspectos de un tema, que el interlocutor anterior todavía no ha mencionado.

5.3. Tratar con dificultades

En el encuentro intercultural, a veces es inevitable meter la pata; y tarde o temprano pueden surgir dificultades en la comunicación. ¿Cómo se debe tratar con estas dificultades?
No siempre es posible resolver el problema inmediatamente. A veces, se necesita primeramente establecer cierta distancia emocional con la situación, para poder pensar otra vez con claridad. Es recomendable echar otra vez una mirada a la situación (el diálogo, lo que ha pasado, etc.) y reflexionar sobre qué ha ocurrido en el fondo. También se podría analizar los mensajes, p.ej. utilizando el cuadrado de la comunicación, y hacerse las preguntas siguientes: ¿Qué partes tenían los mensajes enviados? ¿En qué parte del mensaje el respectivo emisor puso probablemente el énfasis? ¿Con cuáles oídos fueron escuchados (por uno mismo o por el otro) los mensajes? También sirve preguntar, si se perdieron algunos mensajes y/o se recibieron mensajes supuestos. Por un lado,

reflexionar una situación vivida sirve para evitar el mismo problema en el futuro; a la vez puede ser una preparación importante para la solución del conflicto presente.

El que ha comprendido por qué hubo un conflicto, también puede considerar de forma específica, qué podría contribuir por su parte para lograr la paz; p.ej. si sería bueno, buscar una vez más la conversación – teniendo en cuenta la forma cultural adecuada.

En los países de habla alemán, normalmente se recomienda la "metacomunicación" como "disciplina real" para resolver conflictos, que surgen a causa del estilo de comunicación de los interlocutores. "Metacomunicación" significa, que ambos interlocutores dan "un paso atrás" y se ponen de acuerdo para hablar sobre su estilo de comunicación y la manera cómo se han comunicado con el otro. Es decir, metacomunicación significa "comunicación sobre la comunicación". Al practicarlo, se intentan aclarar varias preguntas, p.ej. si los interlocutores se han tratado mutuamente con respeto y tomado en serio al otro; cuál ha sido la intención original de los mensajes enviados y cómo han sido descodificados por el receptor. Un objetivo principal de la metacomunicación, entre otros, es revelar y aclarar los malentendidos, pero también poner una base para que la comunicación sea exitosa en el futuro. Por eso, la metacomunicación requiere una relación estable donde hay confianza, franqueza y respeto mutuo. Generalmente, también es posible practicar la metacomunicación para resolver dificultades en la comunicación intercultural – ¡pero no siempre! La metacomunicación requiere la capacidad de comunicar *directamente*, de expresar *sus propios* sentimientos y el *valor para ser expuestos*. Si el interlocutor tiene – a causa de su propio trasfondo cultural – dificultades con esto, practicar la metacomunicación muy probablemente exigirá demasiado de él. Si se intenta practicar la metacomunicación en estos casos, sin tomar en cuenta el trasfondo cultural del otro, puede suceder aún que se aumentan las dificultades. Siempre cuando la comunicación *indirecta* y el *temor a quedar en evidencia* juegan un papel importante en el trasfondo cultural de uno de los interlocutores, es recomendable tomar un camino *indirecto* cuando haya conflictos o trastornos de la comunicación, y pedir la ayuda de un mediador que goza de la confianza de ambas partes.

Para evitar trastornos en la comunicación o para resolver conflictos, se recomienda también en los países de habla alemana – aparte de la metacomunicación – la utilización activa de "Mensajes-Yo". Se pide a cada uno de los interlocutores que utilice la primera persona singular ("yo", p.ej. "Yo pienso...", "Yo creo...", "Yo siento..."), expresando de esta manera su propia opinión y sus propios sentimientos. En el caso de conflictos, este uso activo de "Mensajes-Yo" debe habilitar a los interlocutores a tocar y expresar asuntos personales (y delicados), dando a la vez al otro la posibilidad, de tener otro punto de vista. Pero, ¡el uso de esta "técnica de conversación" también está restringido por los límites culturales! Formular Mensajes-Yo requiere las mismas capacidades como la metacomunicación. Adicionalmente, las relaciones entre el individuo y el grupo juegan un papel importante. A una persona, que pertenece a una cultura donde predomina el individualismo, normalmente no le resulta difícil reconocer y expresar su propia opinión como sus propios deseos y emociones. Pero si una persona tiene un trasfondo cultural colectivista, que es muy fuerte, no está acostumbrada a expresar su propia opinión, destacándose de esta manera del grupo. Si pedimos a tal persona, que utilice exclusivamente "Mensajes-Yo", también es muy probable que exijamos demasiado de ella.

Al utilizar las técnicas de conversación, que se han mencionado, o al utilizar métodos parecidos, siempre se tiene que reflexionar bien hasta qué grado es adecuado y posible utilizarlos exitosamente, en vista del trasfondo cultural del interlocutor. Si no se toma en cuenta el trasfondo cultural del otro, estos métodos causarán más problemas de los que van a resolver.

Se ha hablado en este libro mucho sobre la influencia del trasfondo cultural en el estilo de comunicación, y sobre las dificultades que puede causar. Sin duda, el factor de la cultura es muy importante, y siempre debería ser considerado en la comunicación entre miembros de distintas culturas. Sin embargo, también existe el peligro, de querer verlo e interpretarlo *todo* por medio de los lentes culturales. Pero en el encuentro entre miembros de distintas culturas, a veces también surgen malentendidos o conflictos, que no tienen absolutamente nada que ver con su trasfondo cultural. Porque las causas también pueden encontrarse en el nivel individual, social o económico.

Al final quisiera enfatizar una vez más, que nunca son culturas, sino que siempre son seres humanos con diferentes trasfondos culturales (y también con diferentes trasfondos individuales, sociales, económicos etc.) que se comunican los unos con los otros. Cada persona es única en su manera y su trasfondo personal – con una historia única. Por eso cada encuentro entre dos personas es también un acontecimiento único, que implica chances y desafíos. Finalmente lo hermoso es: ¡que los forasteros pueden llegar realmente a ser buenos amigos!

Bibliografía

La mayor parte de la literatura, que consulté al escribir este libro, está escrita en alemán. Lamentablemente, la mayoría de estos libros todavía no han sido traducidos al español ni al inglés. En el caso de que haya una traducción, se menciona en la siguiente Bibliografía.

Doser, Susanne. *30 Minuten für interkulturelle Kompetenz*
    Offenbach: GABAL, 2006.

Erll, Astrid; Gymnich, Marion. *Interkulturelle Kompetenzen Erfolgreich kommunizieren zwischen den Kulturen.* Stuttgart: Klett, 2010.

Hesselgrave, David J. *Communicating Christ Cross-Culturally.*
    2nd ed. Grand Rapids, Michigan: Zondervan, 1991.

Hofstede, Geert; Hofstede, Gert Jan. *Lokales Denken, globales Handeln. Interkulturelle Zusammenarbeit und globales Management.* München: Deutscher Taschenbuch Verlag, 2011.

Käser, Lothar. *Fremde Kulturen. Eine Einführung in die Ethnologie für Entwicklungshelfer und kirchliche Mitarbeiter in Übersee.* Bad Liebenzell: Verlag der Liebenzeller Mission, 1997.

Käser, Lothar. *Animismus.* Bad Liebenzell: Liebenzeller Mission, 2004.

Kumbier, Dagmar; Schulz von Thun, Friedemann (Hg.). *Interkulturelle Kommunikation: Methoden, Modelle, Beispiele.* Reinbek: Rowohlt, 2006.

Lanier, Sarah A. Lanier. *Überall zu Hause?! Menschen aus fremden Kulturen verstehen.* Marburg an der Lahn: Francke, 2006.
Lanier, Sarah A. *Por Que Somos Diferentes.* Ywam Pub, 2004.

Lingenfelter, Sherwood G; Mayers, Marvin K. *Kulturübergreifender Dienst. Ein Modell zum besseren Verstehen zwischenmenschlicher Beziehungen.* Bad Liebenzell: Verlag der Liebenzeller Mission, 2001.
Lingenfelter, Sherwood G; Mayers, Marvin K. *Ministering Cross-Culturally: An Incarnational Model for Personal Relationships.* Baker Academic, 2003.

Maletzke, Gerhard. *Interkulturelle Kommunikation. Zur Interaktion zwischen Menschen verschiedener Kulturen.* Opladen: Westdeutscher Verlag, 1996.

Ott, Craig. "Interkulturelles Mentoring". en: Müller, Klaus W.; Schirrmacher, Thomas (Ed.). *Ausbildung als missionarischer Auftrag: Referate der afem-Jahrestagung 1999.* Edition afem – mission reports 7. Bonn: Verlag für Kultur und Wissenschaft, 2000. S. 61-78.

Pollock, David C.; Van Reken, Ruth E.; Pflüger, Georg. *Third Culture Kids. Aufwachsen in mehreren Kulturen.* Marburg an der Lahn: Francke, 2003.
Pollock, David C.; Van Reken, Ruth E. *Third Culture Kids: The Experience of Growing Up Among Worlds.* Nicholas Brealey Publishing, 2009.

Schmidt, Jürgen H. *Begegnungen in Peru. Urwaldindianer auf dem Weg ins 21. Jahrhundert.* Norderstedt: Books on Demand, 2007.

Schulz von Thun, Friedemann. *Miteinander Reden 1. Störungen und Klärungen.* Reinbek: Rowohlt, 1981.
Schulz von Thun, Friedemann. *El arte de conversar. Psicología de la comunicación verbal.* Barcelona: Editorial Herder, 2012.

Schulz von Thun, Friedemann. *Miteinander Reden 2. Stile, Werte und Persönlichkeitsentwicklung.* Reinbek: Rowohlt, 1989.

Schulz von Thun, Friedemann. *Miteinander Reden 3. Das „Innere Team" und situationsgerechte Kommunikation.* Reinbek: Rowohlt, 1998.

Spencer-Oatey, Helen. *Culturally speaking: managing rapport through talk across cultures.* London: Continuum, 2000.